我国体操类项目协同发展研究

李 萍 著

人民体育出版社

图书在版编目（CIP）数据

我国体操类项目协同发展研究 / 李萍著. -- 北京 : 人民体育出版社, 2023
ISBN 978-7-5009-6296-0

Ⅰ. ①我… Ⅱ. ①李… Ⅲ. ①体操—发展—研究—中国 Ⅳ. ①G830.92

中国国家版本馆CIP数据核字(2023)第065486号

*

人民体育出版社出版发行
北京盛通印刷股份有限公司印刷
新华书店经销

*

710×1000　16开本　10印张　178千字
2023年12月第1版　2023年12月第1次印刷

*

ISBN 978-7-5009-6296-0
定价：56.00元

社址：北京市东城区体育馆路8号（天坛公园东门）
电话：67151482（发行部）　邮编：100061
传真：67151483　邮购：67118491
网址：www.psphpress.com
（购买本社图书，如遇有缺损页可与邮购部联系）

作者简介

李萍 女，汉族，中共党员，湖南郴州人，博士，湖南师范大学教授、硕士生导师，英国中央兰开夏大学访问学者。

主讲“啦啦操”“健美操”“体操”“社交舞蹈”“形体训练”等本科课程。啦啦操国际级裁判、国家级教练员；跳绳国家级裁判；健美操国家级健身指导员、一级裁判员、教练员；体育舞蹈一级裁判员、教练员；现任中国大学生体育协会健美操与艺术体操分会培训部副主任；中国教育科学研究院“大中小（幼）体育课程一体化研究”啦啦操研究组组长；全国啦啦操运动联盟顾问；全国啦啦操师资培训金牌导师；湖南省啦啦操运动协会秘书长；湖南教育报刊集团中小学课后服务特聘名家。曾获湖南省“优秀党员”“青年骨干教师”等称号，曾任湖南省体育科学协会常务理事；湖南省第十届大学生运动会开幕式表演执行导演等。

主要研究方向为体操类运动理论与实践、体育美学、民族传统体育等，曾在国家级和国际级学术期刊公开发表论文50余篇（其中SCI论文3篇，CSSCI论文8篇，北大核心17篇），主持省部级课题3项，厅局课题5项，作为主要参与者参与国家级课题5项，省部级课题6项；出版专著3部；主编教材5部（其中一部被评为全国“十三五”规划教材，湖南省优秀教材），视频教材2本；获批专利2项，实用新型专利3项。

内容提要

随着社会的进步，经济的繁荣，我国竞技性体操项目的水平一直处于世界领先地位。大众性体操自改革开放以来发展迅猛，备受人们的青睐。竞技性体操和大众性体操自诞生之日起就交织在一起，时分时合，相互依存，协同发展。大众性体操抓普及，为竞技性体操项目的发展输送人才；竞技性体操抓提高，为国争光。如何既保证竞技性体操项目的持续优势，扩大其人才培养的基础工程，又充分发挥大众性体操在全面建成小康社会中的积极作用，实现竞技性体操与大众性体操更有效地协同发展，对我国的奥运争光、健康中国与全民健身战略的实施具有重要的现实意义和理论价值。

本研究以体操类项目的协同发展为对象，采用文献资料法、专家访谈法、案例研究法、逻辑分析法，通过分析我国体操类项目协同发展的本体基础、存在样态、动因机理与理论构想，考察我国体操类项目协同发展的实践案例，提出了推进我国体操类项目协同发展的现实策略，主要结论如下。

第一，体操内涵源于竞技性，宽于大众性，形成了竞技性体操与大众性体操双轨共同发展与相互促进的新局面，表现了“强身心、悦身心、美身心”的内涵属性与价值效应。体操类项目的协同发展是以内涵属性表达的身心协同，外延结构表达的发展协同，价值理性表达的效益协同为本质基础；以转变体操的主体认知系统，延展体操的客体对象系统为实践旨归。

第二，我国体操类项目的发展经历了从无到有，从小到大，从弱到强，竞技性项目与大众性项目从分离到并行再到促进融合的过程。我国体操类项目的协同发展表现为组织主体的协同、联动性的赛事活动平台、互助式的推广普及模式与合作性的组织管理体制。发展动因机理表现为健康中国与体育强国战略的宏观推动，体操人才培养与体操普及的微观诉求，体操管理制度与资源配置的结构转变，体操治理主体与参与主体的利益驱动。面临的困境包括竞技性体操发展的时代冲突、大众性体操与竞技性体操发展的失衡，以及管理主体的角色冲突。

第三，体操类项目的协同发展以项目间的兴强扶弱、项目互动与主体互支为基本原则；体操类项目动作内容属性表现的同质性与管理主体表现的同构性，以及解决发展面临的现实困惑是推动其协同发展的主要现实依据；管理机构、发展方式、运行过程的协同发展是其整体构想；项间协同、内外协同、纵横协同、竞赛协同与校社协同是其主要的呈现方式。

第四，湖南省学生阳光体操节的组织管理采用政府、协会、学校协同管理的模式；总体特征表现为协同项目的大众性与多样性、协同主体的多元性；运行机制表现为运动项目间的协同、组织主体间的协同与裁判的协同。

第五，体操类项目的协同发展要在更新理念、创新制度、强化治理、优化资源、赛事建构与目标融入等方面形成合力，才能更好地促进体操类项目的协同发展。体操类项目的协同发展需要不断明晰管理主体的职能与责权利益，促进项目结构优化与均衡及管理制度科学与规范，形成同时代与社会发展相适应的运行机制。

目　录

第一章　绪论

一、选题背景、意义与综述

（一）选题背景

1. 体操类项目在增进全民健康中发挥了重要作用

体操类项目的创新、稳步发展是“健康中国2030”“体育强国”的重要组成部分。中共十六大提出全面建设小康社会的要求就包括形成比较完善的全民健身和医疗卫生体系。2016年，中共中央、国务院提出创新健身休闲运动项目推广普及方式，积极推进健康中国总体建设，发展健身休闲类运动产业成为体育的着力点之一。全民健康水平及健康服务水平成为了全面建成小康社会的重要标志。体操类项目作为一种全民健身的方式日益受到国人的重视，体操进校园惠及了数千万的在校学生；啦啦操、体育舞蹈、广场舞、排舞、健身操舞的推广与普及，已成为全民喜闻乐“用”的体育健身项目。

体操类项目的逐步推广与普及丰富了全民健身的内容、方法与手段。全民健身计划的推进不仅是人民群众幸福生活与身体健康的重要组成部分，也是社会文明与综合国力提升的重要标志。就目前而言，体操类项目已成为继传统的田径、三大球、羽毛球、乒乓球等项目外，最为流行与受欢迎的体育健身项目。在学校体育方面，广播体操、徒手体操、队列队形等基本体操仍然是体育课堂教学与大课间体育活动的主要内容，关系着青少年学生的身心健康成长；在群众性体育方面，广场舞、健身操舞已成为全国男女老少皆宜的体育健身运动，十分盛行（尤其在女性群体中），目前在全国25个省（直辖市、自治区）开展，预计参赛人数近10万人。

2. 世界大众体操的发展为体操类项目协同发展树立了典范

世界大众体操的盛行，为体操类项目的协同发展奠定了重要基础。1953

年，第1届世界大体操节在荷兰鹿特丹成功举办，其宗旨是推动体育锻炼，向公众展示体操的魅力。2011年第14届世界大众体操节，在瑞士洛桑举行，来自55个国家的19000多名体操选手参加了比赛，中国组建了啦啦操、技巧、幼儿基本体操3支队伍，共计80余人参加了该届体操节的表演活动。世界体操节的组织与发展呈现出以下特点：一是在表演理念上，注重普及性、健身性及娱乐性。世界体操节参赛的对象没有年龄、性别、技术水平高低之分，不同年龄层次、性别等的所有人都可以参加；二是表演内容除了传统的技巧运动、艺术体操与竞技体操等，还融合了轻器械体操、健美操、啦啦操、爵士舞、现代舞、蹦床、游戏等；三是在表演形式上，不比难度，比创意，多是集体表演。

世界体操类项目发展由“竞技性”向“大众性”的逐步转变为中国体操类项目的协同发展带来了契机。实践表明，体操运动不是只有体操精英才能参加的体育项目，也不完全是高精尖的竞技体育运动，体操运动应该是融入人民群众生活的“平民化、生活化”的体育运动，要将更多的诸如健美操、啦啦操、街舞、技巧等大众体操运动发展起来。正如二木英德所说：“体操不应仅限于竞技体操，而应是面向所有人的，而不仅仅包括竞技体操，体操节的发展就是要体现这种精神。”①世界体操节的发展，不仅需要我们进一步拓展与加深对体操运动内涵与外延的重新审视与认识，而且其活动组织的目的、任务、模式，以及表演的形式，也为我国体操类项目的协同发展树立了典范。

3. 我国体操类项目整合发展为其协同发展奠定了基础

体操类项目采用“抱团取暖”的发展思路，推出了“大体操”概念。2008年北京奥运会，我国的竞技体操取得了前所未有的突破，获得了9枚金牌。然而就目前而言，我国竞技性体操的发展并不乐观，如竞技体操、蹦床、艺术体操等奥运项目均面临人才匮乏的现实状况；非奥运项目在推广普及的过程中也举步维艰，有经费缺乏、硬件不足等问题。基于此，为了促进体操类运动的协调发展与共同进步，体操中心提出了“报团取暖”的新发展思路，主要表现为两个方面：一是全面做好竞技体操、蹦床、艺术体操的奥运准备工作，保证争金夺银的优势；二是充分发挥奥运项目与非奥运项目的资源优势，将它们整合起来，共同宣传、共同推广，促进体操运动的全面发展与普及②。由此，体操

①李丽，贾文军. 亚洲体操联合会明年将创办“亚洲体操节”［EB/OL］.（2003-11-24）［2023-09-11］. Sports. Sina. com.cn/s/2003-11-24/1103107307s.shtml.

②缪仲一. “大体操”揭开面纱 “抱团取暖”期待项目提升［N］. 中国体育报，2010-04-07.

中心借着都江堰表演的契机，首次推出了“大体操”的概念。此外，2016年中国体操队在里约奥运会的整体失落，更凸显了中国体操人才后备力量不足、人才培养断层等人才培养体制机制的弊端，中国体操的整体发展亟须在新时代寻求新的突破，以打破传统体制的束缚。

“五位一体”战略构想，描绘了体操类项目发展的雏形与愿景。2014年6月，《中国体育报》在专访时任体操中心主任时写道，体操作为进校园的七个项目之一，这一举措体操中心已与教育部体育主管部门达成了共识，并指出体操进校园除了传统的竞技体操外，还包括健美操、排舞、啦啦操、艺术体操等所有体操类运动。体操中心运作的“五位一体”发展战略主要包括五个方面，具体用五个圆圈进行解释：一是中间的核心圈是大众性体操与竞技性体操，两者协调发展与共同促进是基石；二是下面的基础板块圈，主要包括体操后备人才培养与体操进校园，解决体操后备人才匮乏与推广普及的问题；三是上面的国际组织圈，主要是发展经验、氛围营造与打造快乐体操，为体操类运动的发展营造良好的国际环境与氛围；四是左边的竞赛体圈，建构阶梯式的体操类项目比赛，通过赛事与活动的促进与提升，扩大体操运动的影响力，以及提升体操运动水平，进而促进推广与普及；五是右边的综合保障圈，即各级各类部门与相关组织，要在政策支持、资源配置、服务提供等方面，形成联合保障机制，“五位一体”战略形成了全面、协调与可持续发展的基本思路，让人们更加深刻地认识到了体操运动发展的愿景与未来①。

（二）研究意义

1. 理论意义

（1）建构与重新审视我国体操类项目基础理论框架的现实需要

随着我国政治、经济、文化的快速发展，以及体操竞技水平的不断提高，2010年国家体操中心提出了“大体操”的概念，预示着我国体操在发展的理念观念、体制机制与方式方法上将发生一次根本性的变革，迎来了我国体操运动全面发展的新时代。当前，体操类项目的内涵与外延、功能价值、项目组成等诸多问题都需要重新审视。

①王向娜.“五位一体”打造“大体操”概念［EB/OL］.（2022-09-11）［2014-06-05］. https：//www.sport.gov.cn/n20001280/n20745751/n20767274/c22171387/content.html.

（2）深入与拓展我国体操类项目理论研究领域的整体需要

本研究以协同发展理论、系统发展理论、可持续发展理论为基础，重新审视我国体操类项目基础理论与基本框架方面的研究，诸如项目布局、人才培养、竞赛组织、活动开展、市场运作、场地建设等更多、更广、更深的命题。力图在研究中把握好广度与深度、宏观与微观、理论与实践、整体与局部、量化与质性、综合与分析等方面的辩证关系。在充分吸收国内外体操前期研究成果的基础上，在更广范围与更深层次上对大体操做较为全面的研究，力争从整体上为我国体操类项目的发展提点拙见与建议。

（3）我国体操类项目理论研究工作深入发展与创新的需要

本研究的基本逻辑是由社会背景的变迁诱发体操发展动力的转变，发展动力的转变催生发展理念的转变，发展理念的转变引领发展模式的转型，发展模式的转型推动体操类项目发展质量与效益的提升。因此，体操类项目发展动力转变、发展理念创新与发展模式和运行管理的转型是本研究要解决的核心问题，对这些问题的深入探究，旨在促进体操类项目理论研究的进一步发展与创新。

2. 实践意义

（1）为我国体操类项目发展的转变提供依据

体操作为舶来品，传入我国后便开始普及。经过鸦片战争、洋务运动、五四运动、中华人民共和国成立、文化大革命、改革开放与全面小康等百余年的社会变迁，我国体操的功能也经历了“兵式体操”“学校体操”“生产体操”“竞技体操”“大众体操”的变革。2008年北京奥运会后，尤其是党的十八届三中全会以来，我国经济社会发生了深刻变化，支撑体操发展的动力也从政府外生驱动向社会内生驱动转变，体操发展驱力的转变为体操类项目发展的转变提供了可靠的参考依据。

（2）为我国体操类项目发展的选择提供依据

发展驱力是推动我国体操发展变化的主导力量，在体操发展进程中具有根本性与决定性的作用。从历时态的视野看，体操发展驱力随着社会的变迁而变化，从而导致发展模式的转变；从共时态的视野看，体操不同项目发展主导驱力有所差异，从而导致发展的差异。主导驱力与发展方式之间形成的因果连锁关系是体操类项目及其不同项目发展转型与发展路径选择的决定性依据。本研究力求准确把握体操类项目及其各项目的主导驱力，以期为大体操发展的选择提供决策依据。

（3）为我国体操类项目发展的演进提供思路

长期以来，我国体操以政府驱动为常态进行主动发展，体操发展目标较为单一，体操功能角色受到限制。我国体操虽然在竞技实力上实现了跨越式的发展，但是一旦离开政府的推动，就很难实现可持续性发展。这导致我国体操产生了严重的路径依赖，现在面临的问题是发展理念的创新、发展模式的转变与发展路径的重新选择。本研究从破解体操路径依赖出发，建构政府、社会、市场与教育驱动的协同发展的体操类项目发展方式，旨在在新的理念下为体操类项目的发展提供新思路，以新思路引领体操类项目的全面协调可持续发展。

（三）文献综述

1. 相关概念界定

（1）体操与体操类项目

体操在古代几乎等同于体育，包括走、跑、跳、攀爬、舞蹈与军事游戏等内容，内涵与外延十分宽泛。现代体操具有广义与狭义之分：广义的体操是所有体操项目的总称。体操的概念可表述为徒手、持器械，或在器械上完成不同类型与难度的单个动作、组合动作与成套动作，是表现个体的潜能、控制能力，以及具有一定艺术要求的体育项目[①]。具体包括三个层面：一是竞技层面上的体操，如竞技体操中的单杠、双杠、跳马、自由体操等；二是基础层面上的体操，如轻器械体操、队列队形、徒手体操；三是拓展层面上的体操，如蹦床、技巧运动、健美操、啦啦操、广场舞、排舞等。狭义的体操主要是指“竞技体操”，通常称之为“体操”，它是体操领域的一个分支。竞技体操主要是使用规定的器械或徒手完成复杂与协调的动作，通常根据动作的分值、难度、编排与完成情况给予评分。

随着现代体操的发展，官方、学界与民间关于体操类项目的内涵与外延也形成了多种认识。国家体育总局在解析体操进校园时指出，体操进校园不仅包括传统竞技体操，还包括健美操、排舞、啦啦操、团体操等新兴体操类运动。有学者指出，现代体操要从“高、难、美”走向“大众化、健身化”，逐渐突

①童昭岗. 体操［M］. 北京：高等教育出版社，2005：2-3.

破其以竞技性体操为主的认识局限，内蕴以发展身体美为主的理念，彰显其大众性，淡化其竞技性，促进形成竞技性体操与大众性体操共同发展的新思路①。因此，体操类运动是指具有与体操运动相似运动特征与价值的运动项目，是归属于体操广义概念的体操类运动，如基本体操、团体操、健美操、啦啦操、排舞等，其内涵属性与价值效应远远超越了竞技性体操的范畴。因此探讨体操类项目的内涵与外延、组成与分类、价值与功能等基础理论也是本研究要重点探讨与研究的部分。

（2）协同发展

"协同"一词源于古希腊语，又称为协和、同步、和谐、协调与合作等，是协同学的基本范畴。有关协同的概念，《说文解字》中解释为"协，众之同和也。同，合会也"②。协同理论在20世纪70年代由联邦德国物理学家哈肯创立③。协同理论具有深厚的理论基础，包括系统论、控制论、信息论、突变论、结构耗散理论等现代科学的最新成果，研究的方法主要采用统计学与动力学的方法，通过对不同领域的分析，建立相应的数学模型与实践方案，形成多维空间的理论，即实现从微观到宏观描述系统中各类现象转变的规律④。

协同表示一种系统的结构状态，即系统中的各要素协调合作，使系统的总功能大于系统中所有要素功能的总和，而且要反映出系统中各要素的协作过程。发展指的是系统的演化过程。协同发展是两者的交集，表示某系统内部的各要素配合得当、良性循环，共同促使系统从低级向高级、由无序到有序逐步演化。协同开发是一种多元化的开发方式，开发是目标，是系统升级的方向，协同是控制和管理，使系统更有效地朝着目标前进⑤。

体操类项目的协同发展，即对体操类项目的各组织主体、参与主体、场地、器材、规则与裁判等各要素进行整合，形成积极的合力，共同促进体操类

①陶成武，周建社，李萍．"大体操"概念下的"体操"的内涵与外延［J］．首都体育学院学报，2019，31（6）：544-548.

②汉典·协［DB/OL］．［2023-01-13］．https：//www.2dic.net/hans/协.

③王雪莲，汪波．基于协同学理论的城市土地利用协调发展研究［J］．中国地质大学学报：社会科学版，2007，7（1）：63.

④周国忠．基于协同论、"点—轴系统"理论的浙江海洋旅游发展研究［J］．生态经济，2006（7）：114-118.

⑤赵成伟．区域协同发展视角下首都人口疏解作用路径及效果研究［D］．北京：北京邮电大学，2018：14-17.

项目的推广普及与后备人才培养。体操类项目的协同发展主要是结合各项目的共性特征，以及宏观管理主体一致的优势，形成运动项目间、组织主体与竞赛等方面的资源整合与协调，实现体操类项目发展的相互支持与互助，促进其可持续发展。

2. 国内外研究现状

（1）国外有关竞技体操的研究

竞技体操作为奥运会项目，其发展历史悠久且备受世界各国的重视，在全世界范围内推广普及与快速发展。竞技体操通常以如何更好地争金夺银成为人们讨论的焦点，因而竞技体操的后备人才培养、训练与竞赛、组织管理等成为世界各国关注的焦点。国外关于竞技体操发展现状的研究主要包括以下几个方面。

一是分析世界体操强国能走强的原因。如有学者专门分析了美国竞技体操走强的原因包括外部环境与内部因素的推动，外部环境表现为政府对体育的优惠政策、体育的商业化运作、体教结合的后备力量培养机制，以及发达的体育传媒；内部因素包括美国体操协会、教练员培养、运动员选拔与培养，以及大众体操与竞技体操的结合，体操组织机制的不断健全与完善等[①]。同时，通过对日本体操快速发展的原因总结发现，后备人才培养、技术动作创新、把握国际话语权，以及选拔运动员与完善竞赛体系等，形成了较好的衔接机制，确保了运动员梯队的有效衔接[②]。从以上研究可以发现，世界体操强国的产生是外部环境积极促进与内部环境自我改善共同作用的结果。

二是针对世界体操强国组织运行、管理与发展模式的分析。有研究表明，美国体操的发展主要是由美国体操协会主导的，其发展模式是高校、非营利社会组织与私营俱乐部共同形成了以体操俱乐部人才培养为共性的模式，管理以社会组织管理为主，它的产业化发展良好，社会影响力也较大[③]；澳大利亚的体操组织管理形成了体操俱乐部—体校—体院相结合的联合型人才培养模式；澳大利亚业余体操训练与竞赛制度较为完善，全国大约有10万名不同层级的体操运动员，体操的商业化与产业化程度较高，拥有较多的体操人口[④]。此外，

①李丽，余良华，肖平，等. 美国体操走强的若干因素分析［J］. 广州体育学院学报，2006，26（1）：80–85.

②彭召方，李佐惠，国伟，等. 日本竞技体操的发展历程、经验及启示［J］. 首都体育学院学报，2019，31（4）：353–358，363.

③陈林会，刘青. 美国竞技体操发展经验与启示［J］. 体育文化导刊，2018（7）：72–76，116.

④刘红波. 中美澳体操人才培养特点比较分析［J］. 山东体育科技，2013，35（3）：37–42.

美国体操俱乐部也为美国体操从业者提供了较好的信息交流平台，建有良好的俱乐部运营网站，网站的内容较为明确、全面且清晰，实用性较强①。简言之，世界体操强国的组织管理均表现为较高的产业化与社会化，显然走社会化之路是增加体操人口的必然选择。

三是分析世界体操文化的发展与演变。许多国家体操的发展都受古茨穆斯思想显性或隐性的影响，如德国体操、丹麦体操、瑞典体操等。不同风格的体操均彰显各自的特点，德国体操注重军事效果，瑞典体操讲究健身性与科学性，丹麦体操是现代体操发展与民众启蒙运动的基础，三者的流变动因体现了文化空间以及人的需要的变迁、运动品位的转变，以及新形式探索的互构共变②。受古希腊传统体操与欧洲文艺复兴的影响，近代体操在德国首先诞生，即后来人们所称的德式体操。古氏与杨氏是近代德国体操最具代表性的类型，到了18世纪末与19世纪初，德国体操也成为了世界体操具有代表性的体操学派之一，为世界体操的发展奠定了基础，产成了深刻的影响③。此外，穆勒体操体系及其所代表的灵肉体操流派是欧洲大陆体操运动“后兵式体操”时代欧洲体操家对传统体操文化的历史选择和转型④。显然，世界体操文化的发展与当时的社会发展息息相关，深受社会文化、民族文化与人类思想的影响。

从以上的研究成果可以发现，国外有关竞技体操的研究主要关注其组织管理、运动员培养、教练员培养，以及其产业化与社会化发展，为竞技体操的推广普及与深度发展积淀了一定的理论与实践经验，也为我国竞技体操的发展提供了借鉴。但就目前而言，这些研究主要专注于竞技体操自身，鲜有将竞技体操与其他类型体操协同起来进行探讨。

（2）国外有关大众体操发展的研究

大众体操作为健身活动在人们的日常生活中发挥着重要的作用，有氧健身操、啦啦操、排舞、团体操等的流行与发展，也使其逐渐融入了人们的日常健

①雷强，张杨，李玉健. 美国体操网站发展定位与特征研究［J］. 西安体育学院学报，2011，28（6）：692–695.

②陈娟，王娟. 同源异构与互渗趋同：三大体操流派的历史流变［J］. 体育文化导刊，2018（2）：153–158.

③张玉军. 近代德国体操的兴起与发展［J］. 铜仁师范高等专科学院学报（综合版），2006，8（3）：54–56.

④王恒，薛婧. 近代欧洲“灵肉体操”流派之J.P.穆勒体操思想寻绎［J］. 体育科学，2017，37（10）：41–50.

身活动之中，成为人们健身活动的重要内容。国外大众体操的发展，也使体操类运动成为了国家交流与日常健身的重要组成部分。

一是欧洲大众体操的发展使体操成为国家交流的工具。为了促进民族大团结，改善人们的身心健康，提高体操练习者自信与乐观的生活态度，瑞典、挪威、奥地利、德国、瑞士等国家于19世纪后半期，均在本国组织了体操大汇演，最初的参与对象只限于本国。随着经济的发展与国家之间的往来日益频繁，这种体操汇演也成为人们友好交流的方式与手段，越来越多的外国友人被邀请参与体操大汇演。同时，第一次国际性体操大汇演于1939年由瑞典体操组织举办，有12个国家参加了比赛。自此以后，类似的体操大汇演又举办了两次，有110个团队参加了比赛，参赛的国家也多达14个。从此以后，欧洲越来越多的国家开始组织大众体操的表演，从此大众体操也在欧洲逐渐盛行①。

二是世界大众体操节的发展创造了体操类运动协同发展的典范。大众体操在欧洲的盛行，引起了国际体操联合会的高度重视与关注。随后，国际体操联合会于1950年经全体代表表决，通过了由荷兰代表索玛（Sommer）提出的举办国际大众体操节的建议，并将这一活动纳入了国际体操联合会的官方议事日程，命名为“Gymnaestrada”，并称为“世界体操节”。当时将世界体操节定为每4年举办一次，每次为期6天。第1届世界体操节于1953年在荷兰鹿特丹成功举办。截至2015年，世界体操节已成功举办15届，参加的人数由最初的5000余人逐渐发展至23000余人；参赛的国家由最初的14个增加至50余个，成为国际上规模最大的大众体操盛会。世界体操节表演的内容除传统的竞技体操、艺术体操和技巧运动体系内容外，还融合了爵士舞、健美操、现代舞、啦啦操、游戏、蹦床、轻器械体操及一些民族传统体育等元素的结合操和舞的大众性健身活动内容。

三是国外学校体操的发展为竞技体操的发展奠定了人才基础。具有代表性的国家有美国。美国教育部门在1891年对全国272个城市的学校体操教育进行了调查，研究发现，41%的学校教德国体操，29%的学校教瑞典体操，12%的学校教法国德尔萨特体操，18%的学校把这些体操结合起来，形成“美式”体操。由于美国学校体操教育的蓬勃发展，培养了大批后备人才。美国竞技体操水平和成绩迅速提高，进入了体操强国的行列②。简言之，美国体操教育的发

①郭春红，王文生. 世界体操节的创立与发展对普及中国体操运动的启示［J］. 首都体育学院学报，2009，21（1）：115-118.

②蔺文革，孟辉，孙思哲. 中美学校体操教育改革比较研究——兼论我国学校体操教育未来发展［J］. 沈阳体育学院学报，2010，29（6）：102-105.

展融合了多种体操流派，并将各种优势进行综合，促进了体操运动在学校的迅速发展，以及体操成绩的巨大提升。

从以上研究可以发现，国外有关大众体操的研究主要表现为大众体操兴起的原因与大众体操节的发展。大众体操的发展促进了人们对体操认知的转变，使体操由高难项目转变为人人可参与的亲民运动，且具有较强的健身性与娱乐性。大众性体操的发展为体操的推广普及与体操后备人才培养奠定了基础。但现有研究主要探究了大众体操发展的过程，就如何整合各项目的发展，形成具有协同效应的发展机制仍鲜有人探索。

（3）国内有关竞技体操发展的研究

竞技体操作为我国奥运会争金夺银的重点项目，在我国尤其受到官方、学界与民间组织的关注。因此，国内有关竞技体操发展的研究成果较多，涉及的面也较广，具体包括竞技体操的发展历程与演变、竞技体操动作技术的发展与革新、比赛成绩预测与训练、东京奥运会备战策略、竞技体操发展存在的问题与困惑、竞技体操的赛事组织等。国内关于竞技体操的研究成果较多，这里主要阐述较有代表性的观点。

一是关于竞技体操发展历程的研究。有学者研究了近50年竞技体操发展的历程，分为五个阶段：第一个阶段为1953—1963年，这一时期是我国现代竞技体操的雏形发展阶段，是苏联与日本相互争霸的阶段；第二个阶段为1963—1973年，十年的动乱使我国竞技体操运动遭受了严重挫折；第三个阶段为1973—1983年，这一时期我国竞技体操获得了重新发展，登上了世界的舞台；第四个阶段为1984—1990年，我国竞技体操在国际舞台上逐渐扮演重要角色，具有一定影响力；第五阶段为1990年至今，是我国竞技体操的起飞阶段，进入世界第一梯队，成为我国奥运会夺牌的主导项目。2004年雅典奥运会，中国男子在体操团体、个人全能、鞍马、吊环、跳马、双杠等项目上获得金牌或奖牌，女子在高低杠、平衡木等项目上表现突出①。

二是关于竞技体操比赛成绩预测与训练的研究。有学者对第48届世界体操锦标赛的结果进行了分析，认为世界男队已经形成了中日俄三方对峙的局面。就单项而言，俄罗斯、希腊、韩国和荷兰选手在自由体操、跳马、吊环和单杠方面仍保持着稳定的优势②；中国竞技体操男子团体项目在东京奥运会上有夺

①尚莹，马飞，何幸光. 我国竞技体操50年发展历程［J］. 广州体育学院学报，2004，24（4）：87-90.

②杨辉，马海涛. 基于秩和比法的中外男子体操实力对比分析——以第48届世界男子体操锦标赛为例［J］. 西安体育学院学报，2020，37（2）：233-241.

金的实力，而自由体操、跳马、吊环和单杠的实力相对较弱①；还有学者对东京奥运会体操运动员进行了分析，认为中国和日本仍是男队的主要竞争对手，每个单项都有世界各国的强手，体操的发展进入了全能运动员崛起的时代②。同时，也有研究认为，10～11岁中国优秀女子体操运动员的训练应提高下肢力量、上肢直臂顶肩和拉引力量，以及腰腹控制能力的整体训练效果，注重运动员力量素质的全面协调发展③。

三是东京奥运会体操备战策略的研究。有学者指出，面对2020年东京奥运会，中国体操队要相互追赶，积极推进"快乐体操"计划，形成一支进步的后备人才队伍；深入学习规则精神，把握好动作难度与完成质量的辩证关系；努力提高弱项水平，努力造就高水平全能运动员；不断提高科学训练水平，积极推动国际交流，实施"请进来，走出去"的战略④。东京奥运会体操竞赛制度改革主要涉及团体参赛人数和方式、团体和个人参赛资格的获得程序。面对新的竞技体制，中国体操队要分类培养优秀的全能和个人运动员，高标准获得团体参赛资格，利用竞技体制的特点获得个人参赛资格，精心安排奥运代表队，为了达到准确的结果，充分认识和充分利用新的竞争机制，为新时期的辉煌建设打下坚实的基础⑤。

四是竞技体操发展存在的问题与致因。我国竞技体操的发展面临着可持续性不足、竞技体操文化发展未达到实际需要、竞技体操价值基础有待巩固、权力结构变化下话语权缺失等困境⑥。中国体操竞技实力转移的原因包括后备人才短缺、男女队发展不平衡造成的长期"单边作战"的内在脆弱性、体操人才流失和世界体操训练日趋科学化等，导致赛事竞争日趋激烈⑦。中国竞技体操面临的主要现实困难是竞技后备人才的不断短缺、竞技体操的发展与大众体操

①冯德森，余文禄，何炬，等. 东京奥运周期我国男子体操竞技实力分析与备战策略研究［J］. 西南师范大学学报：自然科学版，2019，44（10）：99-106.

②何俊. 里约奥运会男子体操竞争格局分析——兼谈东京周期中国男子体操发展方向［J］. 北京体育大学学报，2018，41（5）：107-116.

③郑湘平，肖紫仪，聂应军. 中国10～11岁优秀女子体操运动员力量素质训练水平评价与诊断研究［J］. 成都体育学院学报，2020，46（1）：113.

④何俊. 里约奥运会中国体操队失利分析及备战东京奥运会对策［J］. 体育科学，2017，37（4）：87-97.

⑤何俊. 东京奥运会体操项目赛制分析及应对方案［J］. 体育文化导刊，2018（2）：68-72.

⑥陈林会. 我国竞技体操项目优化发展的管理方略研究［J］. 中国体育科技，2018，54（4）：53-61，145.

⑦彭召方，李佐惠，袁玲，等. 中国体操竞技实力移位现象探究［J］. 中国体育科技，2017，53（3）：93-99.

的不平衡、社会体操的停滞，使其失去了生存和发展的重要基础，导致市场的滞后性发展，制约了项目的推广和多元化发展①。制约我国体操发展的主要因素包括“弃”体操而去的学校体育导致了的后备人才匮乏，“桑兰事件”持续发酵的负面效应，体育运动项目多元化的现实对体操运动的冲击，竞技体操赛事贫乏制约着体操社会化发展②。我国从体育大国向体育强国迈进的过程中体操发展存在诸多问题：一是我国体操竞赛形式单一，不利于运动员培养；二是体操人口有逐年下降趋势，面临严峻挑战；三是管理制度僵化，主要是国家行政管理③。

五是我国竞技体操的组织管理与运行机制研究。有研究指出我国竞技体操管理体制有待改革，其中的问题有运动员训练动机和其竞技体操价值观具有较强的功利性，运动员文化程度普遍较低，训练的科学性有待加强，运动员的伤病残和退役保障机制不够完善，对运动员的心理健康问题较为忽视等。并提出相关建议：转变竞技体操价值观，提高科学训练水平和运动员科学文化水平，建立健全运动员保障体系，拓宽运动员再就业渠道，关注运动员心理健康④。也有学者提出，我国竞技体操要继续坚持和完善国家体制，积极避免后备人才不足的威胁，努力改变公众对体操的认识，充分发挥教练员队伍的优势，运用规则，敢于创新，继承精益求精、坚忍不拔的精神，确保我国竞技体操的可持续发展⑤。

六是针对我国竞技体操发展建议与对策的思考。主要包括我国竞技体操的发展要在社会化、大众化、市场化方向上寻求突破性路径，具体体现为引导社会力量参与竞技体操后备人才培养，激发基层体操活力，形成大众化发展模式，逐步发展以健身、娱乐、竞技为重点的体操表演市场⑥。逐步转变体操后备人才培养模式，协调体操技术难度，使其保持稳定性、创新性发展，建立优秀运动员的训练和比赛档案，充分发挥优秀体操运动员的遗传效应，实现体操

①刘智丽，刘青. 我国竞技体操面临的现实困境与突破路径探析［J］. 南京体育学院学报：社会科学版，2016，30（02）：98–102.

②李贵庆，王岗，杨继美. 对我国竞技体操保持长盛不衰的理性思考［J］. 北京体育大学学报，2017，40（10）：30–38.

③崔天意，姚俊杰. 体育强国目标下我国体操项目发展的探析［J］. 运动，2014（21）：39–40.

④张军舰. 我国竞技体操可持续发展研究［J］. 体育文化导刊，2015（9）：104–107.

⑤黄旭，葛春林，李小鹏，等. 基于SWOT定量分析的中国竞技体操发展战略与路径探讨［J］. 南京体育学院学报：社会科学版，2016，30（6）：119–122.

⑥刘智丽，刘青. 我国竞技体操面临的现实困境与突破路径探析［J］. 南京体育学院学报：社会科学版，2016，30（2）：98–102.

高质量基因选择等①。转变竞技体操发展观念，做好体操的普及和推广工作，积极培育体操社会组织，争取体操发展的国际话语权，让奥林匹克精神回归竞技体操的价值标准②。

从以上研究可以看出，我国竞技体操的有关研究主要关注于奥运会与世锦赛的争金夺银和如何确保体操强国地位的可持续性，表现为如何培养高质量的后备人才、高水平的技术人才和健全与优化管理体制等方面。因此，现有我国竞技体操发展的研究主要表现在管理体制、发展现状、人才培养，以及面临的主要困境等方面。通过对国内竞技体操发展趋势的分析、问题的挖掘、建议的提出等研究的逐步深入，为推进体操类运动协同发展提供了现实依据。

（4）国内有关大众体操发展的研究

近年来，大众体操在我国获得了快速发展，尤其是健美操、啦啦操、排舞与广场舞等深入学校与社区等，成为了人们日常健身的重要内容。关于大众体操的推广普及也备受社会各界的关注，探讨大众体操发展的问题也随着其推广普及的深入而进入了人们的视野，即关于大众体操内涵与外延、发展存在的问题、发展模式、组织机制与对策建议等现实问题，成为了人们讨论的热门话题，形成了人们对于体操运动的新认知。

一是关于体操内涵与外延的辨析。体操将从狭义的竞技性发展到竞技性和大众性的共同发展。有研究认为，体操的属性是基于一般范畴的，内涵是基于身体美的，外延边界是基于相互融合的。通过竞技体操与大众体操的相互融合，形成了竞技体操后备人才培养的实践基础，以发展身体美为出发点，不仅使体操由“高、难、美”向“高”转变，“难而美”的大众化、健身化的转变也使体操的发展突破了动作结构和表现形式的瓶颈③。体操文化的内涵可以概括为反映人类生产和生存的本能需要，追求优美的文化艺术境界，倡导自然观，完善发展规律，开发自身潜能的文化。从广义上讲，体操文化属于体育文化的范畴。它是通过体操美反映体操价值过程中创造的物质财富和精神财富的总和④。

---

①彭召方，李佐惠，袁玲，等. 中国体操竞技实力移位现象探究［J］. 中国体育科技，2017，53（3）：93-99.

②陈林会. 我国竞技体操项目优化发展的管理方略研究［J］. 中国体育科技，2018，54（4）：53-61，145.

③陶成武，周建社，李萍. “大体操”概念下的“体操”的内涵与外延［J］. 首都体育学院学报，2019，31（6）：544-548.

④王聪，翟廷立. 略论体操文化的特点与传承［J］. 武汉体育学院学报，2016，50（11）：92-95.

二是关于大众体操推广普及存在问题的研究。主要研究有广大群众对大众体操的认识存在不足、大众体操的推广和普及程度还不够高、大众体操运动场所及设备的设置和利用不足、大众体操发展严重缺乏社会体育指导力量等，是当前我国大众体操发展与普及中存在的主要问题；完善覆盖城乡的全民健身文化服务体系、增强全民健身意识和体操参与意识是促进全民健身背景下大众体操健康发展的有效途径，积极营造宽松的大众体操发展政策环境[①]。也有学者认为在小城镇社区推广基本体操可以解决其在发展中存在的场地器材匮乏、活动经费不足、社会体育指导员数量不足等问题；在小城镇社区体育中普及基本体操可以促进小城镇社区体育的发展[②]。此外，有学者认为，处理好体操竞技功能与体操健身功能的关系、拓展概念，做到兼容并包、重视小规模体操比赛，可以促进体操在大众健身领域的发展[③]。

三是针对快乐体操的研究。主要研究有发展快乐体操不仅有利于我国竞技体操后备人才队伍的建设，而且有利于我国群众体育的发展。发展农村快乐体操俱乐部市场，增加快乐体操人口，形成风险规避机制，是实现快乐体操可持续发展的途径[④]。快乐体操不仅是儿童体质健康发展、体操竞技人才培养和学校体育发展的需要，而且是体育服务供给侧改革的必然体现。快乐体操有着良好的发展环境，包括国家政策的有力支持、社会的广泛参与、大数据时代和网络时代的便利、人们健康观念的转变等，同时它还受到学生学业压力和人们对体操的“误解”的困扰[⑤]。此外，也有学者认为，我国快乐体操自上而下的发展模式、俱乐部本位的推广模式、等级标准和竞赛模式等方面还存在一些问题有待解决[⑥]。

四是关于学校体操教育发展存在的问题与困境。主要表现为当前我国学校体操的发展越来越被“边缘化”，面临着“教师倦教、学生厌学”的困境。究其原因，从外部环境来看，现代体育在校园的普及给学校体操的发展带来了压力；从自身特点来看，体操的非标准性和复杂性决定了学校体操的社会接受

①徐海波. 基于全民健身视角下的大众体操的现状及其发展途径［J］. 科技资讯，2015（34）：248-249.

②吕顺田. 基本体操在小城镇社区体育中推广的可行性研究［J］. 现代交际，2016（10）：124-125.

③张汉生. 全民健身视野下体操发展路径研究［J］. 安徽体育科技，2016，37（3）：64-66.

④江广和. 快乐体操研究［J］. 体育文化导刊，2015（8）：56-71.

⑤彭召方，刘鸿优，李佐惠，等. 快乐体操发展解读［J］. 体育文化导刊，2017（4）：156-159，168.

⑥谢春雨. 我国快乐体操运动发展思考［J］. 体育科技文献通报，2016，24（6）：102-103.

价值障碍。在师资培养方面，高校体育教育专业体操课程教学很难突破历史经验主义性别的长期积累。学校体操要想走出目前的困境，必须从自身做起，走“软”发展之路，发展丰富的学校体操教学内容，加强师资培训，增强高校师范教育的“母机”效应①。我国中小学体操运动经历了“热”与“冷”的曲折发展过程②。有学者指出，中小学体操教育的系统化，不仅仅是掌握从学校体操教育到终身体操锻炼的发展过程，还要根据学生身心发展特点和体操教育的特点，制定出不同时期、不同层次的具体内容③。此外，也有学者从检测体系、制定体系、监督体系、评价体系等方面论证了构建学校体操联盟体系的理念和方法④。

五是关于广播体操发展、团体操文化与体操课程的研究。有学者认为，我国广播体操的发展史大致可分为普及期、高峰期、衰退期和恢复期四个发展时期。其兴衰受政府职能转变、市场经济发展、大众传媒发展、体育赛事多样化、广播体操自身发展和观念转变等诸多因素的影响⑤。团体操源于斯拉夫民族国家。由于其宏大精致的表演形式，得到了斯拉夫政府的高度重视和推广，因此在奥运会开幕式、国家纪念日和全国会议开幕式或晚宴上都采用了这种宏大精致的表演形式，成为世界性的仪式表演。团体操表演是通过正确的手段对元素的选择和重组形成的一种特定的模式，它是用来突出人性中的正能量，即对生命的赞美⑥。学校体操课程应以社会需求为导向，重塑“厚基础、强能力、重应用”的课程建设理念⑦。

综上所述，国内有关大众体操发展研究的内容主要集中在推广与普及、快乐体操的倡导、学校体操教育、体操内涵辨析等方面，研究者认为大众体操已成为全民健身的重要组成部分，而场地器材不足、转变民众意识则是阻碍大众体操推广普及需要解决的现实问题。

---

①唐星星. 中国学校体操发展的困境及出路探索［J］. 体育科技文献通报，2016，24（8）：93-99.

②刘世磊. 对我国中小学体操发展的回顾与思考［J］. 山东体育学院学报，2018，34（3）：125-130.

③蔺新茂. 构建大、中、小学体操教育系统化的研究［J］. 北京体育大学学报，2010，33（2）：78-80，85.

④孙贵龙，方征，于洋，等. 学校体操联盟体系构建研究［J］. 体育文化导刊，2015（11）：144-148.

⑤吴晓阳，于海涛，梁利民. 中国广播体操的兴衰演变及其影响因素——兼谈第九套广播体操推广策略［J］. 北京体育大学学报，2014，37（6）：21-26，31.

⑥高留红. 团体操表演功能：仪式、文化与艺术［J］. 北京体育大学学报，2018，41（7）：43-48，63.

⑦聂应军，吕万刚，魏旭波.《体操》课程建设的创新与实践［J］. 武汉体育学院学报，2018，52（3）：96-100.

3. 个人见解

体操成为增进人们身心健康的重要组成部分，传统体操的发展与普及打破传统的以“竞技性体操”为主要内容的壁垒，转向与“大众性体操”协同发展的“大体操”模式，成为全民健身深入开展、达成“健康中国”目标的重要内容。纵观上述研究，国内外传统体操在管理体制、发展模式、存在问题等方面均进行了深入研究，基本形成了较为稳定的发展模式与体制机制，为世界体操事业的发展奠定了良好基础，作出了突出贡献。然而，对于新形势下提出的体操类项目的协同发展，目前仍鲜有人进行深入思考，其理论与实践研究有较大的空间及重要的实际价值：一是体操类项目基础理论体系不健全，包括定义与性质、内涵与外延、构成与分类、价值与功能，以及发展理念与指导思想等系统的理论框架；二是对体操类项目协同发展的研究甚少，对有关协同发展的构想、愿景设计等鲜有人提出科学建议。因此，为推进我国体操类项目发展，加速其资源整合与优化、促进我国体操类项目的协同发展，是保障我国体操类项目稳步发展的重要举措。

二、研究对象与研究方法

（一）研究对象

本研究以体操类项目的协同发展为研究对象，以湖南省阳光体操节的组织与发展为个案探析体操类项目协同发展的运行机制，从实例分析的视角探索体操类项目的协同发展。

（二）研究方法

1. 文献资料法

通过百度、Google、360等搜索引擎，检索近20年来国内外相关的网络资料，广泛搜集了国内、国外有关体育学、社会学、管理学、协同学、生态学等相关方面的著作和教材27部；查阅了国家体育总局和教育部与体操发展有关的政策性文件、领导和专家发言、会议纪要、报刊等51份，并对较为相关的35份文献资料进行了重点阅读和分析，为制订专家访谈提纲和本研究写作框架奠定了扎实的理论基础。

通过湖南师范大学图书馆提供的中国知网、维普、万方数据知识服务平台、优秀硕博士学位论文数据库、人大复印报刊资料数据库、Google学术、Springerlink、Literature Online英美文学在线数据库、Web of Science（SCI/SSCI/A&HCI）数据库等，以“体操、竞技体操、大众体操、健美操、基本体操、快乐体操、艺术体操、排舞、广场舞”和“协同发展”“gymnastics”“Coordinated development”等为关键词进行多级检索，检索了1990—2020年的相关期刊论文，搜集和整理与其相关度高的期刊论文136篇，其中，国外相关的英文文献资料23篇。针对这些文献进行深度研习，充分借鉴与利用相关的理论研究成果，丰富本研究的理论基础。

2. 专家访谈法

本研究为了获取我国体操类项目协同发展的有关理念、信息和判断，解答研究中出现的部分疑惑及寻求观点上的认同与支持，依据本研究的具体需要，在初步遴选访谈专家的基础上，采用当面访谈、电话、微信相结合方式等收集专家相关观点，并对全部意见和建议进行了数据整理和逻辑分析。

（1）访谈专家遴选

本研究充分考虑研究条件并依据研究惯例，在确立受访专家背景“领域权威、专业卓越、方向覆盖”基本标准的原则和前提上进行对象遴选和筹备，最终选取了18位专家进行了近五年跨度的持续性、追踪化的访谈调研（表1-1）。

表1-1　访谈专家信息统计表

领域权威	人数	专业卓越	人数	方向覆盖
行业管理部门领导	4人	教授	6人	涵盖体操类各项目方向（体操、技巧、艺术体操、健美操、啦啦操、排舞、广场舞等）
项目/协会主管	14人	副教授	3人	
—	—	硕博导师	9人	
—	—	国际级裁判	10人	

（2）访谈过程介绍

利用2015年全国青少年足球工作会议暨全国中小学“校园啦啦操”汇报展演（河南郑州）、2016年第5届亚洲体操节暨第5届全国全民健身操舞大赛总决赛（山东青岛）、2017年中国大学生健康活力大赛（浙江杭州）、2018年首届中国体操节（山东日照）、2018年湖南省学生阳光体操节（湖南长沙）、

2018年2017—2020周期啦啦操高级裁判员国际培训班（云南省西双版纳傣族自治州）等学习和参会机会，通过面访及电话、微信、邮件采访等向遴选专家进行半结构化访谈和调查（表1-2），并预留了专家的联系方式。在整理完第一次深度访谈的数据后，根据其中存在的问题与疑惑，再次通过电话、微信、邮件采访等方式进行了补充采访，进一步完善了访谈数据。访谈议题和调查内容主要包括：体操类项目构成内涵和意义、体操类项目发展机遇和困境、体操类项目协同发展表现和机制、体操类各项目实时发展动态和趋势、国际与中国体操类项目未来发展趋势等（见附录）。通过了解他们对于体操类项目的发展现状、体操类项目协同发展的思考积累及评价和未来预判等，获取了现实材料，充实了研究数据，为本研究的可持续开展提供了智库支持。

表1-2　访谈专家基本情况

序号	姓名	职称/职务	单位/协会	研究专长/专业方向	访谈介绍			
					时间	地点	方式	次数
1	罗超毅	局长	国家体育总局训练局	行政管理	2015.10.22	—	电话	1
2	缪仲一	主任	国家体育总局体操运动管理中心	行政管理/体操	2015.10.18	郑州	面访	2
					2018.07.13	日照	面访	
3	郭振明	副主任	国家体育总局体操运动管理中心	行政管理	2018.07.13	日照	面访	1
4	贺照	处长	湖南省教育厅体育卫生与艺术教育处	行政管理	2015.10.18	郑州	面访	2
					2018.03.28	—	电话	
5	迈克尔·库珀（Michael Cooper）	主任/国际裁判	国际啦啦操联盟（ICU）国际啦啦操联合会技术委员会	行政管理/啦啦操	2018.01.07	日照	面访	1
6	梅雷迪恩·沃克（Meredith Walker）	规则部部长/国际裁判	国际啦啦操联盟（ICU）国际啦啦操联合会技术委员会	行政管理/啦啦操	2018.01.07	日照	面访	1

（续表）

序号	姓名	职称/职务	单位/协会	研究专长/专业方向	访谈介绍			
					时间	地点	方式	次数
7	唐金山	副秘书长	中国蹦床与技巧协会	行政管理	2018.07.13	日照	面访	1
8	李育林	主任/教授/硕士生导师/国际裁判	中国蹦床与技巧协会啦啦操分会/河海大学体育学院	啦啦操/健美操	2015.10.18	郑州	面访	2
					2018.07.13	日照	面访	
9	黄育	常务副秘书长/副教授/硕士生导师	全国大学生两操协会北京秘书处/北京大学体育教研部	健美操/艺术体操	2018.03.28	—	电话	1
10	朱冬喜	副主任	全国排舞广场舞推广中心技术委员会	排舞/广场舞	2018.03.28	—	电话	1
11	王宏	副主席/副教授/硕士生导师/国际裁判	国际体操联合会健美操技术委员会/北京体育大学	健美操	2018.03.28	—	电话	1
12	李艳翎	教授/博士生导师/国际裁判	湖南师范大学体育学院	体操/技巧/蹦床	2018.040.5	长沙	面访	1
13	邱建钢	执行副主任/教授/博导/国际裁判	中国啦啦操委员会/成都体育学院艺术学院	体操/健美操/啦啦操	2017.11.20	杭州	面访	2
					2018.04.05	—	电话	
14	李先雄	委员/教授/博士生导师/国际裁判	全国中小学体育教学指导委员会/湖南师范大学体育学院	体操/健美操/啦啦操	2018.04.06	长沙	面访	2
					2018.06.23		面访	
15	彭庆文	党委副书记/副院长	湖南体育职业学院	体操/健美操	2018.06.23	长沙	面访	2
					2018.07.03	—	微信	
16	徐中秋	副教授/硕士生导师/国际裁判	广州体育学院	健美操/啦啦操	2018.04.05	—	电话	1

（续表）

序号	姓名	职称/职务	单位/协会	研究专长/专业方向	访谈介绍			
					时间	地点	方式	次数
17	李利	主任/国际裁判	全国啦啦操委员会技术委员会	啦啦操/艺术体操	2018.07.13	日照	面访	1
18	杨玉茹	副主任/副教授/硕士生导师/国际裁判	全国啦啦操委员会技术委员会/西南大学体育学院	体操/啦啦操/艺术体操	2018.07.13	日照	面访	1

（3）访谈意见整理

根据访谈收集专家意见，按专家意见集中程度初步统计专家对于体操类协同发展的基本看法和评价（集中程度：“集中”“比较集中”“不集中”三个等级，表1–3）。

表1–3　访谈专家基本情况

访谈议题支持（人数）	本项目领域发展现状良好	体操类整体发展均衡	本项目领域存在发展困境	与其他体操类项目协同并存	体操类项目协同发展必要	体操类项目未来前景向好
支持/比较支持	6/9	1/15	13/5	2/12	9/9	11/7
不支持	3	2	0	4	0	0
人数	18	18	18	18	18	18
集中程度	集中	比较集中	集中	比较集中	集中	集中

3. 案例研究法

罗伯特认为，个案研究是一种实证性的探索，它研究的是现实生活背景下的暂时现象。案例研究往往被视为一种与定量研究相对的定性研究法，与定量研究方法相比，它具有建构新理论、趣味性、研究成果现实有效与可感等优点，被认为是一种有前途、有价值的研究方法，目前这一方法被广泛应用于社会学、人类学（包括民族学）、教育学、政治学、管理学等方面的研究。案例研究法的具体操作是结合文献资料对有代表性的事物或现象进行有目的的分析，从而得出一般性规律与总体认识的方法。

本研究把湖南省学生阳光体操节作为体操类项目协同发展的典型案例，来分析其协同的机理与机制。案例分析过程中主要采用协同学理论来分析其总体特征、组织与管理机制。具体表现为分析湖南省学生阳光体操节协同发展的现实基础、总体特征、协同机制与存在问题。为体操类项目协同发展的理论与实践提供具体的可操作性的实践范例，并为其中存在问题的治理提供具体思路。

4. 逻辑分析法

逻辑分析论证的方式包括归纳式、演绎式、例证法、引证法、对比法、类比法等。本研究运用的具体操作方法包括比较与分类法、归纳与演绎法、分析与综合法。比较与分类法是主要运用于区分与辨别事物的异同，并根据事物的共同点与差异点进行分类的逻辑方法。比较与分类法主要运用于分析体操类项目的内涵与外延、内容与分类、价值与功能，以及协同发展的本质与实践旨归，解析体操类项目协同发展的本体诉求。归纳法是从搜集与访谈的数据资料中发展出概念化的通则，可以解释所观察的事项间的关系，即从特殊到一般、从个性到共性、从具体到抽象、从经验到理论的过程。演绎法则是把普遍的法则运用到特定的事例上。归纳与演绎主要用于解决体操类项目协同发展的表现形态、动因机理、现实困境等内容的梳理。分析与综合法是指把研究对象分解为各组成部分、方面与因素，通过局部或整体的研究，把握事物发展规律的一种方法。分析与综合法主要运用于研究体操类项目协同发展的理论构想与发展前瞻部分的内容。

三、理论基础与研究思路

（一）理论基础

1. 协同学

协同学主要以系统论、控制论、信息论和突变论为基础，吸收了大量结构耗散理论的观点，是现代科学研究的重要成果[①]。协同学是通过对各研究领域的分析，构建多维空间理论，从而形成一套完整的数学模型和实施方案，最终探索从微观、中观到宏观，从无序到有序的各种系统和现象的内在规律[②]。协

①曾健，张一方. 社会协同学［M］. 北京：科学出版社，2000：112-118.

②王贵友. 从混沌到有序：协同学简介［M］. 武汉：湖北人民出版社，1987：65-69.

同学的本质是系统和现象内部的自组织过程，目的是解释系统或现象从无序到有序的过程，协同是自组织的形式和手段①。由此可见，现代管理系统要想实现自我的完善和高效发展，即要实现系统从无序的不稳定状态向有序的稳定状态转型发展，根本路径是促进其自组织发展。协同发展是指两个或两个以上的资源主体通过相互协调与合作达到一定的目标，从而达到双赢、共同发展的结果。协同发展理论已成为实现可持续发展的基础理论，并得到了世界上许多国家的认可。协同发展的原则表现在以下几个方面：一是多样性，二是协同性，三是公平性②。协同发展的目的是促使各组织或个体各自发挥自身特性与优势，适时创新社会发展，从而实现多元主体的相互促进与社会的共同进步。

协同也是系统中各子系统通过相互协调、协作和联系而进行的集体行为。系统内部的协同是推动系统不断发展和演进的动力源泉。系统依靠协同实现自组织。当合作动力系统初始形成时，各子系统仍处于无序状态，很难实现合作关系。当系统产生的波动达到一定阈值时，系统会因单个或多个参数的变化而产生临界波动，并很快以强大的协同力支配和牵引其余的子系统，从而形成各子系统之间的紧密协作关系，引起系统整体结构和功能的突变。

协同学在体育领域中的应用也较为广泛，如非线性、非平衡态、协同论、耗散结构、自组织、混沌等理论相继出现在体育研究领域。随着科学技术的发展，与体育发展相关的运动训练、竞赛组织、产业发展、项目管理、领导决策与科学研究等方面成了一个系统工程，这个系统包括许多子系统，各子系统之间的协调合作是适应体育科学发展的新趋势。因此，在组织机构、内容体系与发展目标多元的体操类项目的发展与管理过程中，如何促进各子系统的相互协调与互助，形成有序的自组织系统，推进体操类项目的科学发展，对协调大众体操与竞技体操的均衡发展具有重要的理论与实践价值。

2. 系统论

系统论是研究系统的一般模式、结构和规律的知识，研究了各种系统的共同特点，用数学方法对其功能进行定量描述，寻求并建立适用于各种系统的原理和数学模型，是一门具有逻辑和数学性质的科学。系统论的核心思想是将系

---

①赫尔曼·哈肯. 协同学［M］. 凌复华，译. 上海：上海译文出版社，2013：56–62.

②张会平. 协作知识建构视角下虚拟社会管理创新［M］. 北京：科学出版社，2016：26–29.

统作为一个整体的概念。贝塔兰菲强调，任何一个系统都是一个有机整体，它不是机械组合或简单相加所有部分，系统的整体功能是所有元素处于孤立状态的本质。他用亚里士多德的名言“整体大于部分之和”来解释系统的完整性，反对要素的表现是好的、整体的表现必须是好的、用部分来解释整体的力学理论；同时认为系统中的每个元素不是孤立存在的，每个元素在系统中处于一定的位置，起着特定的作用。这些要素相互关联，构成一个不可分割的整体。元素是整体的元素。如果元素与整个系统分离，它将失去元素的功能。系统论的基本思维方法是把所研究和处理的对象看作一个系统，分析系统的结构和功能，研究系统、要素和环境之间的相互关系和变化规律，优化系统观，发现问题。世界上任何事物都可以看作一个系统，这个系统是普遍的。

根据系统论，系统具有完整性、层次性、开放性、目的性、变异性、稳定性、自组织性和相似性等特征。系统论指出，系统是由若干具有某些新功能的元素组成的有机整体。每一个要素作为系统的子单元，一旦形成一个整体的系统，就具有独立要素所不具备的性质和功能，并在组合方式上表现出各种差异，使系统组织在状态、结构和功能上呈现出层次性的顺序。同时，系统具有与外部环境不断交换物质、能量和信息的性质和功能，在一定范围内，在组织系统与环境的互动中，其发展变化不受条件或路径经验变化的影响或影响较小，坚持呈现一定的预定状态趋势。开放系统在内外两方面因素的影响下，内部要素的某些偏离系统稳定状态的涨落可能得以放大，从而在系统中产生更大范围的、更强烈的长相关，自发组织起来，使系统从无序到有序、从低级有序到高级有序。

（二）研究思路

本研究以协同论、系统论为理论基础。首先，通过分析我国体操类项目协同发展的本体诉求与存在样态，了解体操类协同发展的本质基础、发展动因与存在问题；其次，整体建构了我国体操类项目协同发展的基本思路，解析了体操类项目协同发展的具体导向与呈现方式；最后，通过案例分析与发展前瞻实证分析我国体操类项目协同发展的特征、机制与问题，并提出协同的策略。

（三）技术路线

研究技术路线如图1-1所示。

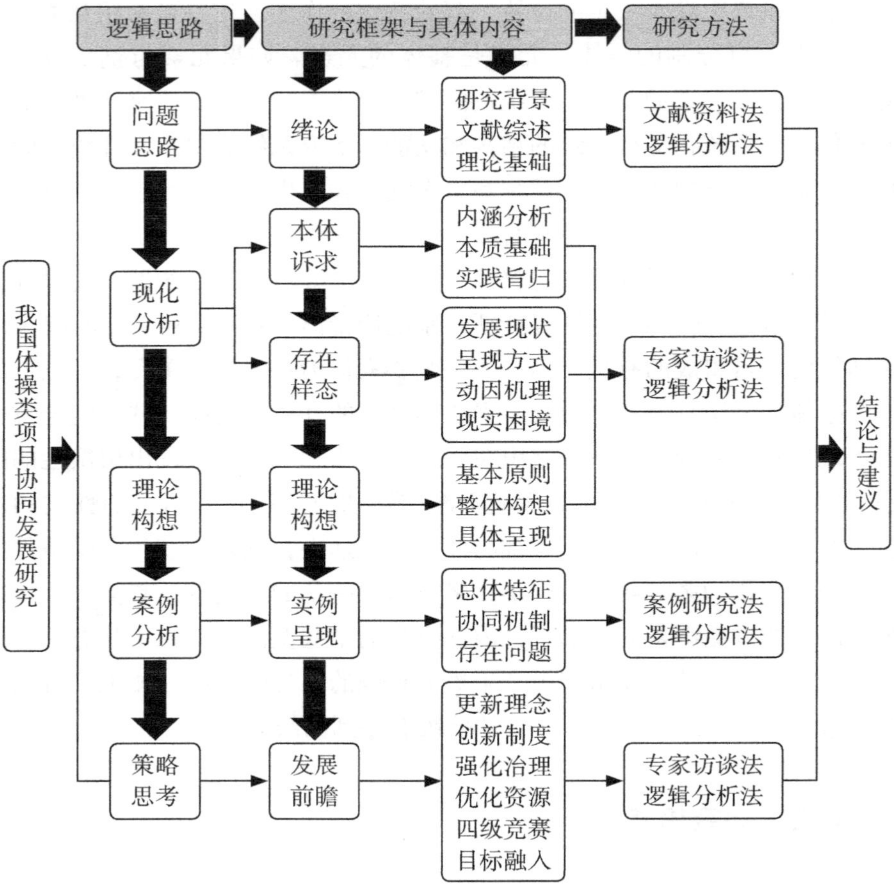

图1-1　研究技术路线

第二章　本体诉求：我国体操类项目协同发展的属性基础

亚洲体操联合会主席二木英德曾在亚洲体操节中指出："体操不应该局限于竞技体操，而应该面向所有人，体操的发展应该更加平民化。"我国相关部门也指出，体操类运动应该包括竞技体操、基本体操、轻器械体操、健美操、艺术体操、啦啦操、团体操、健身舞、技巧、蹦床等体育与艺术相结合的项目，其不仅能健身，而且能培养人的意志品质。因此，重新审视体操运动本体的内涵与外延、分析体操类项目协同发展的结构基础与实践旨归，能从体操类项目本体的诉求角度奠定其协同发展的本质基础。

一、体操类项目的基本理论问题探讨

（一）体操类项目的内涵与外延

1. 体操内涵蕴育了以身体性、健身性与艺术性为基本内核的本质属性

内涵是事物本质属性和概念内容的总和。概念是反映事物特殊或本质属性的思维形式①，是客观事物抽象思维、分类和概括的结果②。定义是明确概念的逻辑方法，包括定义项和被定义项。属加种差是定义词项最常用的方法。"体操"一词源于古希腊语"Gymnasitike"，其定义词项所表达的意义几乎等同于"体育"，共同属性表现为身体性的活动，区分其性质的种差表现为健身性或表演性的身体活动。如古希腊哲学家柏拉图将"Gymnasitike"解释为"身体训练的理论和方法"或"体育疗法、健身术"，可用于保健与养生；意大利的医学博士和文献学专家美尔库里亚利斯在《体操术》一书中论述了各种形式的人

①大辞海·哲学卷［M］. 上海：上海辞书出版社，2003：35.

②关老健. 普通形式逻辑［M］. 广州：中山大学出版社，2002：162.

体动作，把体操划分为军事体操、医疗体操与竞技体操；“德意志体操之祖”古茨穆茨在《青年体操》一书中将“Gymnasitike”解释为“体育”，包括身体教育和身体修炼的内容[①]。中国古代并无“体操”一词，与体操活动相类似的活动主要包括两类：一类是强筋骨、防疾病的医疗体操，如养生、导引、乐舞和百戏等健身活动；另一类是体现在古代歌舞、戏剧、杂技和流传于民间的技巧运动中，如手倒立、后手翻、桥和空翻等动作。

明确概念的内涵就明确了事物的特有属性。定义是揭示概念内涵的一种逻辑方法，主要是通过这种逻辑方法把一事物同其他事物区别开来[②]。对体操的描述中，练习形式是“徒手、持轻器械，或在器械上”；动作的描述是“不同类型、不同难度、艺术性”；属性的区分是“身体练习、体育项目、一种手段”[③]。从概念表述中使用的词语分析，体操的内涵呈现出古代“体操”与现代“体育”有类似之处，如“徒手、持器械或在器械上”均可涵盖诸如武术、球类运动、田径运动等体育项目；“难度、艺术”等词汇也悉存于武术、球类、田径等体育运动当中；“体育项目、身体练习、一种手段”更是各类体育运动共有的属性。

近年来，部分学者针对体操的定义进行了尝试性的探索，呈现出几种具有针对性的概念表述。一是突出动作的内容结构，如吴润平（1995年）提出了“动作的单个性与成套性”[④]，高留红等（2009年）指出“体操动作的对称性、规范性与艺术性等”[⑤]；二是突出动作的表现形式，如李帅等指出快乐体操的内容主要包括“跑、跳、攀、爬等方面的基础训练”[⑥]，《现代汉语词典》（第五版）将体操定义为“动作操练或表演”[⑦]；三是突出动作的属性特征，如王建涛等（2015年）认为“广义体操项目归属小于技能主导类表现难美项群项目归属小于体育运动项目归属”[⑧]，王聪等（2016年）指出体操动

①陈镇华，陆恩淳. 中国体操运动史［M］. 武汉：武汉出版社，1990：73.

②徐锦中. 逻辑学［M］. 天津：天津大学出版社，2001：38.

③吴维铭. 中国学校体操历史与发展研究［M］. 北京：北京体育大学出版社，2007：17.

④吴润平. “体操”词义刍议——体操理论系列问题研究之一［J］. 成都体育学院学报，1995，21（1）：49.

⑤高留红，张予南，谢建中. 对体操的再认识［J］. 北京体育大学学报，2009，32（5）：117-123.

⑥李帅，葛晓燕.我国快乐体操研究［J］. 体育文化导刊，2016（1）：48-51.

⑦中国社会科学院语言研究所词典编辑室编. 现代汉语词典［M］. 第五版. 北京：商务印书馆，2007：1341.

⑧王建涛，邵斌. 体操本质多元论与层次论［J］. 北京体育大学学报，2015，38（5）：39-45.

作具有“身体运动的本体性，动作编排的创新性”[①]，彭召方等（2017年）提出“快乐体操的内容包括简化和改进的体操动作和优美的音乐”[②]，吴维铭（2007年）认为体操是“人体以非常态姿势表现身体控制能力”[③]。虽然体操概念的表述存在着“内涵模糊，外延庞大，特性不突出”[④]的问题，但是其过往的内容却十分有限[⑤]。内容的局限与概念的庞大形成了鲜明的对比，与体操概念共同关注的焦点，即宽泛的内容结构、灵活的表现形式与多样的内生属性形成了内生张力。因此，新时期体操内涵的诠释需要结合其内容结构、表现形式与内生属性，与时俱进地审视其内在意蕴与外在表现形式。

可见，现代体操与古代体操的定义在属与种差上存在严格意义上的区别，它所表达的是具有自身本质属性与客体对象的独立体育运动项目，存有古代体操的类属，但在种差方面形成了自身性质的本体结构。现代体操运动定义的类属为体育（古代体操），区分其性质的种差表现为具有健身性、表演性，以及以肢体动作练习与展示为主的动作结构，其本质属性表现为以身体性与艺术性相结合为基本内核的抽象概括与思维认知。它的“身体性”表现为：一是动作内容的身体性，即动作结构是依据人体生理特点设计的徒手、持轻器械或在器械上的身体姿态与造型；二是表现形式的身体性，即它是一种身体的操练，或是表现人体控制能力与特定要求的身体练习；三是价值理性的身体性，即以挖掘人体潜能，提升身体素质，促进身体发展为主要目的。它的“艺术性”表现为：一是动作结构具有艺术性，即动作的设计与编排是具有一定艺术性要求的单个或成套动作；二是动作表现具有艺术性，即它是一种带有表演性的身体练习、表演或竞赛；三是辅助设备的艺术性，即无论是器械的选取还是音乐的选配，都需要与动作结构形成美的搭配。可见，从体操概念定义项的词性分析，其中的身体动作、健身性、表演性等词义较为模糊，彰显了被定义项的内涵宽泛与外延庞大，表现身体、健身与艺术相结合的运动均可视为在体操概念的对象范围内，为客体对象的融入与发展奠定了维度基础。

2. 体操外延适用于以竞技性体操与大众性体操为基本内容的客体对象

外延适用于概念的所有对象，也指概念所概括的思维对象的数量或范围，

①王聪，翟廷立. 略论体操文化的特点与传承［J］. 武汉体育学院学报，2016，11（50）：92–95.

②彭召方，刘鸿优. 快乐体操发展解读［J］. 体育文化导刊，2017（4）：156–159.

③吴维铭. 中国学校体操历史与发展研究［M］. 北京：北京体育大学出版社，2007：27.

④王国亮. 我国体操发展的科学审视与量化评析［J］. 西安体育学院学报，2014，31（3）：316–320.

⑤高留红，张予南，谢建中. 对体操的再认识［J］. 北京体育大学学报，2009，32（5）：117–123.

即与概念相对应的对象的总和。古代体操的客体对象适用于按一定时空顺序排列与规律进行①，几乎与体育等同。现代体操的客体对象发展了以竞技性体操与大众性体操相互动为思维基础的内容结构。就其具体内容而言，竞技性体操包括了竞技体操（单杠、双杠、跳马、吊环、鞍马、高低杠、自由体操、平衡木）、技巧运动、艺术体操与蹦床等；大众性体操包括队列队形、团体操、健美操、徒手体操、实用性体操等。就其表现形式分析，竞技性体操与大众性体操分别具有相互独立的表现形式，竞技性体操主要表现为高水平的运动训练与竞赛活动等方面，动作结构力求难与美的精湛；大众性体操主要表现为健身休闲与表演等方面，动作结构追求易与美的愉悦，二者有时互有交叉。就其发展趋势分析，呈现竞技性体操与大众性体操的互动，表现为竞技性体操的大众化发展，如“快乐体操”②理念的实施；以及大众性体操的竞技化呈现，如健美操发展呈现出的大众性健美操与竞技性健美操。

（二）体操类项目的特点与分类

1. 体操类项目的特点

一是身体运动的本体性。有学者认为，体育是人类针对自己的身体所创造的一种文化，其效果要反映到身体上。在1818年出版的《体育史》一书中，德国学者费特使用了“体育”一词。他认为，这个词指的是一个国家的沐浴和按摩等保健活动。据此，《韦伯斯特国际词典》还将身体文化称为“身体系统的维护”③。我国学者樊莲香在《难美项群中身体动作表现研究》一书中对身体文化与审美的表达进行了专门研究，系统地阐述了体操身体动作的美学表现，并从面部表情、颈部线条、头部线条、手臂线条、腰线、腹部状态、背部线条、臀部线条、腿部线条、腿部线条、膝盖线条、腿部线条等27个方面与同类项目进行了美学比较分析。

二是动作内容的丰富性。体操运动内容是指根据人体解剖学、生理学和人体运动生物力学原理设计的运动。人体解剖学告诉我们，人体是由多个关节组成的。徒手体操的动作设计以单关节动作为中心，配合屈伸、外展、内收、弯曲、盘旋、旋转等动作，体现了动作内容的多样性。此外，器械体操是在人体

①童昭岗. 体操［M］. 北京：高等教育出版社，2005：2.

②彭召方，刘鸿优. 快乐体操发展解读［J］. 体育文化导刊，2017（4）：156-159.

③杨文轩，陈琦. 体育原理［M］. 北京：高等教育出版社，2004：4.

运动三个相互垂直的基本轴线基础上设计的一种基本动作。例如，向前和向后的动作可以沿着前轴完成，横向的动作可以在矢状轴上完成，所有的转动动作都沿着纵轴进行。

三是动作表现的艺术性与节奏性。体操动作的艺术性是在体操动作规范化和动作创新的基础上实现的。通过练习者完成的动作，我们可以感受到体操运动的艺术美。例如，在简单的“立姿”动作上，要求练习者专注于前脚和肩部下沉，突出胸部和颈部的优美线条；要求双腿收紧腰部，挺直站立，使姿势挺拔端庄，展现人的艺术美。又如“高、难、新、美、稳”是体操规则对一套动作的具体要求。人们在实现这一目标时所表现出来的创造力和想象力，使体操运动达到了艺术境界。在高超的运动过程中，优秀的运动员可以让观众在眼花缭乱的动作中感受到愉悦和美丽，也可以让观众的心灵受到美的熏陶。

2. 体操类项目的分类

分类是根据事物的性质划分类别，使无规律的事物通过分类变得有规律。分类能够使复杂的事物简单化，更具针对性地明晰事物的普遍规律。体操的分类有助于明晰体操运动的内在规律与本质属性，确定体操内涵的外在表现形式。就目前而言，体操的分类形成了“多元争鸣”的观点，不同的学者针对体操的内涵与表现形式形成了多种分类方式：一是二分法，包括竞技体操与基本体操（王亮清[①]、李树林等[②]）；二是三分法，包括器械性体操、价值性体操与基本体操（魏曙光[③]），或大众体操、竞技体操、表演性体操（吕吉勇、梁春生[④]）。此外，还有四分法（基本体操、竞技性体操、团体操、辅助体操）、五分法（基本体操、竞技体操、技巧运动、艺术体操、团体操或辅助体操）、六分法（基本体操、竞技体操、技巧运动、艺术体操、团体操、辅助体操或表演性体操）等（张玉宝[⑤]）。在国外，还包括健美体操（凯瑟琳·比彻）、重力体操（乔治·温希普）、新体操（戴俄·刘易斯）、达德利·萨金特体操等[⑥]。

---

①王亮清. 论现代体操的分类［J］. 武汉体育学院学报，2002，36（6）：123-125.

②李树林，徐桂贞，韩宏飞. 论体操的内容与分类［J］. 北京体育大学学报，2001，24（3）：426-426.

③魏曙光. 论体操的分类及其内容［J］. 吉林体育学院学报，2013，29（1）：83-87.

④吕吉勇，梁春生. 从体操运动发展看体操分类的意义［J］. 哈尔滨体育学陇学报，1997，15（4）：12-14.

⑤张玉宝. 从体操概念演变论竞技体操与基本体操的本质［J］. 河北体育学院学报，2011，25（3）：52-54.

⑥李佐惠. 美国体操教育史上的四次争论与启示［J］. 北京体育大学学报，2003，26（6）：854-857.

同时，自20世纪70年代以来使用的《体操》教材中，针对体操也呈现出不同的分类方法（表2-1）。可见，关于体操的分类呈现出仁者见仁，智者见智的特点，这也成了学者们争论的焦点。现有的分类呈现多种观点并存的局面，各种分类方法都有一定的依据，故其准确与否暂不做论断。而体操多样的分类方法，与其内涵的模糊性状态或许有着实质性的联系。各种分类方法从不同理念与结构视角，结合其动作结构、表现形式与本质属性，形成了具有自身特色的分类体系。

表2-1　历年（1961年至今）《体操》教材中的体操分类情况①（部分）

类别	基本体操	竞技性体操			团体操	辅助体操	表演性体操
		竞技体操	技巧运动	艺术体操			
二类法	√		√				
三类法	√		√		√		
	√		√			√	
	√		√				√
四类法	√	√	√			√	
	√		√		√	√	
五类法	√	√	√	√	√		
	√	√	√	√		√	
六类法	√	√	√	√	√		√
	√	√	√	√	√	√	

现代体操客体对象分类的边界模糊是现有分类标准的基本特征。首先，从体操客体对象的内容来看，无论选用哪种分类标准，基本体操与竞技性体操均是各种分类方法中不可或缺的主要组成部分，反映了体操客体对象以基本体操与竞技性体操为思维基础的客观现实。以此为基础，体操的客体对象伴随时代的发展日渐丰富，逐渐融入的团体操、辅助性体操、表演性体操等相继出现在分类体系中。而体操客体对象的发展反映的是人们对其本质属性的思维活动与认识过程，具体表现为体操内涵与外延的深层次发展。其次，从语言学角度分析，语言的能指与所指往往源于事物的内在性质与文化特质②。现代体操客体

①吴维铭. 中国学校体操历史与发展研究［M］. 北京：北京体育大学出版社，2007：17，27，19.
②张晓旭. 事物命名行为的内在机制研究［J］. 江苏理工学院学报，2015，21（5）：16-19.

对象所用名称的能指与所指多呈现边界模糊的情况，如“基本、竞技性、表演性、辅助性”等，这类词语并没有明确而具体的内容指向，其能指与所指的边界通常控制在操作性界定的范围之内。因此，客体对象的丰富与语义边界的模糊拓展了体操内涵与外延的时空空间，将体操的本质属性与客体对象包涵在更加灵活的文化内涵与内容结构之中。

综上所述，体操的外延结构无疑需要突破过往以“竞技性”为主的狭隘视域，应将体操的客体对象置于更加广阔的空间加以窥探，把体操的客体对象在以基本体操与竞技性体操为基础的整体视域中达成逻辑的泛化。即突破以基本体操与竞技性体操为主的历史视域，逐步将辅助性体操、表演性体操、健身性体操等具有“操类”属性的运动均纳入体操类项目中，如啦啦操、健身操、排舞、广场舞等，把体操的动作结构与表现形式包括在“操”性的大范畴内。体操外延结构的延伸与拓展，要求人们对体操运动的实践逐渐从“高、精、尖”转向普通大众均可接受的“亲民”运动，将体操的客体对象从其竞技性的纵深视域逐步拓宽至大众性的横向发展，奠定了体操中心励志迈开“两条腿”走路，即竞技性体操与大众性体操协同发展的对象基础。

因此，体操可分为竞技性体操与大众性体操。即根据练习者参与体操运动的目的，可将体操分为竞技性体操与大众性体操（图2-1）。竞技性体操是以提高练习者的竞技能力与运动成绩为目的的体操运动。这些运动可以涵盖所有的体操项目，但其参与的目的主要是争取优异的运动成绩，呈现的是体操运动“高、精、尖”的强身心特质与表演效果。大众性体操是以健身、健心为目的的体操运动，参与大众性体操运动是出于健美身心与休闲娱乐的需要，同时促进体操运动的大众参与和普及程度。竞技性体操与大众性体操的现实共存与稳步发展，丰富了体操的外延结构，拓宽了体操客体对象发展的格局。

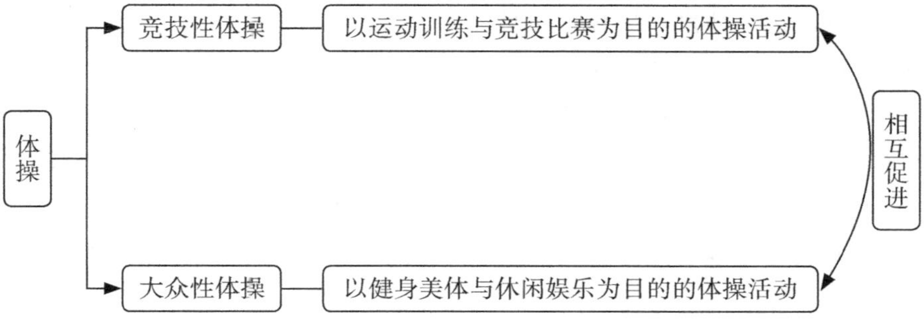

图2-1 体操客体对象构成

（三）体操类运动的价值与功能

1. 体操类运动的价值

一是社会文化价值。体操类运动可对社会造成多层次、全方位的影响。体操具有体育等方面的社会文化价值，从礼仪的角度来看，体操是礼仪文化的组成部分。在比赛或表演中，不同民族或国家的运动员通过不同的行为和运动表现出国家的精神和礼仪文化，他们都是以体操为桥梁开展文明活动的人[①]。

二是美学价值。体操主要是表现美的难度，故其审美价值更高。在世界范围内，体操的发展趋势是追求美。体操所蕴含的美可以帮助人们提高欣赏、创造和表达美的能力。体操的审美价值是指运动员在运动中所表现出来的美感。比如，在选择体操项目时，首先要保证运动员有漂亮的身体，符合人们的认知标准，这样人们才能感受到直观的美感。

三是育人价值。体育是人类教育的组成部分，体操不仅具有体育价值，还具有思想道德价值。体操运动，可以培养运动员和其他公民的爱国主义精神。比如，在每一届世界杯决赛、世锦赛和奥运会上，中国人民都会关注运动员的参赛情况，希望运动员能赢得荣誉，为国家增添光彩，这无疑会增强广大民众的爱国情怀和民族凝聚力。此外，大多数体操动作都是由人主观设计的，运动中需要集体团结协作，有利于培养团结、互助、友爱的良好道德品质。

2. 体操类运动的功能

一是体操的教育功能。体操作为学校体育教育的重要载体之一，是对学生进行身体训练的重要方法与手段，它能培养学生的精神与意志品质，逐渐成为了学校教育的一个重要组成部分[②]。2013年，教育部首批推进了七个进校园的运动项目，包括体操、田径、足球、游泳、排球、篮球与武术，其主要目标是促进学校体育三位一体的实现，以及进一步加快学校体育改革的步伐。由此可见，伴随着体操运动在学校体育中价值的彰显，它已逐渐成了提高学生身体素质与体质健康水平、运动技能与健全人格的体育项目。随着体操进校园的推进，为了更好地满足青少年学生的需求，体操中心将健身与娱乐性强、竞技性较弱的健美操、啦啦操、排舞与街舞等运动项目作为体操进校园的重点项目。

①陆启周. 竞技体操运动的文化内涵及其价值分析［J］. 学园，2017（4）：135-137.

②陈克遂. 丹麦体操体系的兴起与发展［J］. 体育文史，1986（1）：76-77.

通过学校的大力推广与普及，2013年参与啦啦操项目的中小学生超过了100万人，而参与啦啦操联赛与其他展演活动的人数超过2万人①。

二是体操的健身功能。就目前而言，有氧健身操、形体操、大众健美操、广场舞、排舞等已成了人们日常健身中非常重要的项目。随着全民健身的推广，排舞近年来在中国迅速走红，根据初步估算，中国跳排舞的人数接近1亿②。2014年，时任体操中心主任的罗超毅在接受《中国体育报》采访时指出，幼儿园体操近年来得到了较好的发展，并在北京、上海、武汉等城市逐步推广，说明了快乐体操在体育领域的发展对全民健身具有重要的意义③。《"健康中国2030"规划纲要》《全民健身计划（2016—2020年）》《关于加快发展健身休闲产业的指导意见》《体育发展"十三五"规划》与《全民健康生活方式行动方案（2017—2025 年）》等系列重要文件中，广场舞的发展均是被重点关注的内容，成了全民健身工程的重要组成部分。据统计，到2016 年底，中国广场舞爱好者人数约有1亿④。为了促进广场舞文化推广、丰富其练习内容、提升参与者的技术水平与综合素质，自2016年起全国排舞广场舞推广中心发起了"健康中国，一起舞吧"中国广场舞公益行活动，2017年国家体育总局社会体育指导中心启动了全国社会体育指导员（广场舞）公益培训班⑤，立志扎根基层，培育一批综合素质高、健身指导能力强的广场舞工作队伍。

三是助推体育产业发展。国务院指出，大力发展体育健身休闲项目，推进我国体育事业和体育产业发展，不断提高人们的身体素质与健康水平是时代的必然要求⑥。国务院办公厅在2016年10月发布的《关于加快发展健身休闲产业的指导意见》（国办发〔2016〕77号）指出："普及日常健身。推广适合公众广泛参与的健身休闲项目，加快发展足球、篮球、排球、乒乓球、羽毛球、网球、游泳、徒步、跑步、骑行、棋牌、台球、钓鱼、体育舞蹈、广场舞等普及性广、关注度高、市场空间大的运动项目。"⑦

①杨卓越."大体操"进校园 发挥体操运动综合作用［EB/OL］.［2013-08-30］. https：//www.sport.gov.cn/n20001280/n20745751/n20767277/c21461991/content.html.

②杭州两万多人一起跳排舞 将创吉尼斯世界纪录［N］. 都市快报，2014-04-09.

③袁雪婧. 大众体操大有可为——访体操中心主任罗超毅［N］. 中国体育报，2016-09-26.

④杨君，诸秋纯. 表演的惯习：广场舞群体的生活方式变迁与自我呈现［J］. 天府新论，2017（2）：125-132.

⑤黎庆. 三城联动广场舞公益培训扎根基层促发展［N］. 中国体育报，2017-12-29.

⑥国务院. 关于加快发展体育产业 促进体育消费的若干意见［Z］. 2014-12-17.

⑦国务院办公厅. 关于加快发展健身休闲产业的指导意见［Z］. 2016-10-28.

二、我国体操类项目协同发展的本质

本质是事物所固有的根本属性。属性是对象的抽象描述。通常一个具体的事物总是有许多性质和关系，我们称事物的性质和关系为事物的性质。事物之间的相同或不同，即事物之间属性的相同或不同。而概念是反映客体对象特有属性或本质属性的思维形式[①]，是对客观事物进行抽象思维、分类、概括的结果[②]。可见，从事物属性的角度分析，其内部构成本身就是一个子系统，所包含的事物的内容构成、功能价值与表现形式等各要素之间相互作用与影响，并促成了系统外部之于系统本身的认知思维。

（一）内涵属性表达的身心协同

属性是针对事物的抽象刻画，表现的是事物的内在性质与关系。从语言学的角度分析“体操”二字的词义：“体”可解释为“身体或身体的一部分”；“操”可解释为“由一系列动作编排起来的体育活动”，如体操、健美操等；“动作”是指“身体的活动或行为”，具有技能性；“编排”是指“按一定的原则、规则或次序来组织或排列”，具有规范性[③]。可见，“操”类运动注重事物的技术性和规范性，要求事物的发展遵循一些统一的基本规律和技术性，如竞技体操、健美操、艺术体操、啦啦队、排舞等，都有“规范”的规则体系、动作技术和表现形式。显然，“体操”取其词义的能指可认为是结合身体或身体的一部分，按照一定原则、规则或次序来组织或排列的动作。其动作编排的原则、规则或次序，以及技能性，均是以发展美与展示美为基本理念，如健身中的美化身心、表演中的艺术美等。

体操是以发展与展示“身体美”为根本的运动。一是现代体操运动特别重视发展身体美，如18世纪中叶古茨姆塞认为练习体操的目的是把身体锻炼得优美灵活；19世纪初瑞典的林氏体操体系认为体操运动是以身体协调发展为目标的运动；19世纪中叶法国的阿摩罗斯体操体系加入了音乐、舞蹈等内容；19世

①大辞海·哲学卷［M］. 上海：上海辞书出版社，2003：35.

②关老健. 普通形式逻辑［M］. 广州：中山大学出版社，2002：162.

③中国社会科学院语言研究所词典编辑室编. 现代汉语词典［M］. 第五版. 北京：商务印书馆，2007：133，328.

纪60年代捷克的“鹰”体操体系中主张以美吸引人，不能给人以“美”的动作都被抛弃①；19世纪初丹麦的布克吸收了芬兰体操中的韵律体操思想与法国体操的“阳刚”军事体操思想，将节律、动感与轻柔等体现“美”的元素融入丹麦体操，形成独特的体操体系②。二是体操运动以展示“身体美”为根本性要求，如在概念中呈现的核心元素——艺术性，以及体操动作在练习、表演、比赛中，要求充分展示“人体美、动作美、行为美”③等美学特征与美的追求。三是部分体操运动直接以“美”为特征命名，如健美操、艺术体操等，直接将表达美的词语用于事物的名称。

体操运动中的“身体美”具体表现为身心之美。首先，体操动作蕴含着“精致美”。体操动作均具有规范性、标准性，每个动作在练习、表演或比赛过程中对动作的做法与要求都具有明确、细致、具体的标准与规定，具有“操”的规范属性；其次，体操动作蕴含着“艺术美”。体操动作是人体通过徒手或借助器械完成的各类肢体动作，积极展示人体各肢体的肌肉、骨骼与姿态等方面的美，是通过各类肢体美的创造与展示实现美的感知与感受，这种美是结合审美的目标、要求与理想达成的一种外显的艺术美，具有“美”的艺术属性；再次，体操动作中蕴含着“内涵美”。体操动作发展的身体美，不仅能对外显示对身体美的塑造，而且能够对练习者的心灵进行美的熏陶，提升其美的素养与品质，形成美育的价值与功能，具有“育”的价值属性；此外，体操运动中的非肢体语言美，也是体操动作美的重要组成部分，如面部表情、心灵状态等，是人们在体操练习、表演或竞赛中不可或缺的组成部分，是肢体动作美的拓展与延伸，也是肢体动作的升华与内化，还是区别于其他体育运动美的内在特质。体操作为以展示人体本体美为基础的运动，其美的塑造与发展要注重内与外的结合、形与意的融合，促进美的价值与功能的形成和发展。

（二）外延结构表达的发展协同

外延是指概念适用的对象，或者概念所概括的思维对象的范围。体操的外延结构无疑需要突破过往以“竞技性”为主的狭隘视域，应将体操的客体对象

①陈立农. 体操分类的历史回顾与设想［J］. 广州体育学院学报，1994，14（3）：59-64.

②Bonde，H. Niels Bukh’s Gymnastics School in Denmark，1912-1933：Gymnastics，Erotics，and Male Bonding［J］. The International Journal of the History of Sport，2015，32（6）：800 -814.

③郭春红. 体操文化特征研究［D］. 北京：首都体育学院，2010：5.

置于更加广阔的空间加以窥探，把体操的客体对象在以基本体操与竞技性体操为基础的整体视域中达成逻辑的泛化。即突破以基本体操与竞技性体操为主的历史视域，逐步将辅助性体操、表演性体操、健身性体操等具有“操类”属性的运动均纳入体操，如啦啦操、健身操、排舞、广场舞等，把体操的动作结构与表现形式包括在“操”性的大范畴内。体操外延结构的延伸与拓展，逐渐要求人们对体操运动的实践逐渐从“高、精、尖”转向普通大众均可接受的“亲民”运动，将体操的客体对象从其竞技性的纵深视域逐步拓宽至大众性的横向发展，奠定了体操中心励志迈开“两条腿”走路，即竞技性体操与大众性体操协同发展的对象基础。

“体操”是竞技性体操与大众性体操平行发展的体操，即根据参加体操的目的，体操可分为竞技体性操和大众性体操。竞技性体操是一种旨在提高运动员竞技能力以取得优异运动成绩的体操。这些运动项目可以涵盖所有体操项目，但其参与的主要目的是争取优秀的运动成绩，表现出体操“高、精、尖”的强身心特征和表演效果。大众性体操是一种以健身和健心为目的的体操，参与大众性体操运动是为了健身心休闲娱乐，也是为了促进大众参与和普及体操运动。竞技性体操与大众性体操并存并稳步发展，丰富了体操的外延结构，拓宽了体操对象的发展格局。

“体操”是竞技性与大众性相互渗透与互融的体操。竞技性体操与大众性体操要形成相互协调、相互渗透与相互促进的发展关系，走大众化、社会化与市场化之路，形成竞技深度与大众宽度的协同发展，这也是扩大其参与人口、提升其竞技水平的基础性工程。要促进竞技性体操与大众性体操的协同发展，一是加快大众性体操的推广与普及，为竞技性体操的后备人才培养奠定基础，使体操运动成为人人可接受、可参与的运动，如体操中心推出的“快乐体操”“体操进校园”等，实现了竞技性体操的亲民化、大众化、社会化；二是竞技性体操水平的提高，使体操运动在追求“更高、更快、更强”的竞技体育运动中稳稳占据一席之地，对大众性体操的推广普及与深入发展形成较好的宣传与互动效应。体操中心提出的“五位一体”发展战略构想，正是蕴含了竞技性体操与大众性体操协同发展的新理念，将大众性体操与竞技体操圈、竞技人才培养与体操进校园圈、体育组织圈、竞赛体系圈，以及综合保障圈，五个方面融于一体，构筑全面、协调、可持续的纵横与深度发展战略，使体操成为竞技性与大众性相互促进与发展的运动。

（三）价值理性表达的效益协同

现代体操运动是以强身心为价值源点的体育运动。无论是柏拉图所言的“身体训练理论和方法”的古代体操，还是近代的军事体操，抑或是现代奥林匹克运动所设置的竞技体操运动，其内在价值均以塑造与展示人的身体能力为基本指向。体操作为首届现代奥林匹克运动就设有的运动项目之一，其竞技性的价值理性早已根植于人们的思维认知与生活实践当中，是众所周知的培养与塑造身体能力的基础性运动，被誉为“现代体育之父”。这不仅表现在体育与体操的本源关系上，更重要的是体操在塑造人的力量、柔韧、灵敏、速度与耐力等身体素质方面发挥着基础性作用。可见，以强身心为价值效应的竞技性体操不仅是其起始的原点，也是其持续发展的思维与实践的基础。因此，体操运动作为我国奥运会的优势项目之一，在认知与实践发展过程中，要充分认识到其强身心的内在本质与价值理性，充分运用其发展人体基本素质的“育人”功能，扩大体操人才培养的基础性工程，保障体操后备人才的培养，服务于《奥运争光计划》与体育强国梦。

体操运动的强身心是以健身心为基础的逻辑升级。无论是体操运动蕴含的美身心的基本属性，还是其塑造的强身心的价值理性，参与者均有着对强健其体魄与陶冶其心灵等的内在追求，正如身体能力的塑造与身体美的展示均需要健康的体魄与良好的心理素质作为身心基础。可见，体操运动强身心的价值理性，不仅是健与美本体的延伸，而且是健与美基础之上的逻辑升级。诚如大众体操的兴起与快乐体操的呈现，以及体操进校园的蓬勃发展，无不表现了体操运动从“高、精、尖”转向了“亲民化”与“娱乐化”的发展方式，即通过健身参与的方式扩大体操参与人口，强化体操基础性人才培养，以此夯实强身心的基础。如今，体操运动已成为我国“健康中国”建设与《全民健身计划》的重要组成部分并深入学校、社区等，如健美操、啦啦操、广场舞、排舞等均成为广受人们青睐的大众性体操运动。因此，促进我国现代体操由健身心向强身心的升级与转型发展，使其在人们追求美好生活的过程中发挥保健康基础效应的同时，强化其竞技体操后备人才培养的作用，是实现体操运动在全面建成小康社会中的“育体、育心”价值，以及体育大国向体育强国转变的理性追求。

三、体操类项目协同发展的实践旨归

实践是主观见之于客观，包括客观对于主观的必然及主观对于客观的必然。马克思的哲学思维方式是从实践的视角，从人的主体性方面理解世界、理解认识对象、理解人和世界的关系[①]。在分析主客体关系的过程中，马克思的实践认识论指出，实践活动中的主体是在社会历史语境中界定的、站在现实社会中的人。任何事物只有成为一个人的实际对象，才能成为一个对象，才能从原来的“独立对象”变成“我的对象”。在人类历史发展过程中，事物能否成为人的认知活动和实践活动，行为的对象取决于主体的实践水平和认知能力[②]。人类对现代体操的认识逐步从其竞技性、军事操练性向大众性、健身性与娱乐性转变，是其认知主体与客体对象在实践关系中互动的发展过程。

（一）转变体操的主体认知系统

马克思指出，人在改变外在对象的同时，也改变了自身的认识方式与观念、意识，展现出主体与客体的实践关系。大众性体操的快速发展引发了体操参与主体针对体操内涵属性与客体结构的新思考。人的认识能力之所以能够具有思维的真理性、现实性，也就是在于其能将现实的客体作为认识形成的历史前提，进而通过人的实践活动才可能科学地改造客体，即人懂得按照任何一个种的尺度进行生产，并且懂得处处都把内在的尺度运用于对象[③]，其实质是外在的客观世界通过人的实践活动在人的主体思维和主体意识中的表现。体操实践主体从体操内在属性的视角认识与发展了其实践对象，将体操运动外在的表现形式抽象为主体的自觉思维活动，通过实践活动本身蕴育了一种新的体操内涵与外延，即体操的客体对象从以竞技体操与基本体操为主的狭义序列扩增至竞技性体操与大众性体操共同发展的新思路。

同时，世界体操节的发展不仅使人们对体操参与主体与客体对象有了新的认识与理解，而且逐步转变了实践主体的认知思维。在主体认知观念上，注

①殷炳芳，高继宽. 马克思实践论思维方式的内在逻辑及其意义［J］. 东岳论丛，2007（4）：239.

②徐双溪. 马克思的实践认识论研究［D］. 福建：华侨大学，2017：109-128.

③马克思. 1844年经济学哲学手稿［M］. 北京：人民出版社，2000：58.

重普及性、健身性与娱乐性。比如，世界体操节的宗旨就是促进大众体操的发展，让每个人都有机会参与大众体操活动，让大众体操深入世界的每一个角落，通过体操实践提高从业者的身体素质。世界体操节的参赛者没有年龄、性别和技术水平的限制，所有年龄和性别的人都可以参加比赛。各个年龄段的运动员在这里表演他们的舞蹈、技巧和体操技巧。比赛没有奖牌也没有秘密，比赛的主要目的是促进体操运动的发展，展示大众体操的魅力。总之，大众性体操的发展转变了人们对体操的认识，即由高难的竞技性体操的狭隘认知，转向了全民可参与的亲民运动，革新了人们对体操运动的认知系统。

（二）延展体操的客体对象系统

通常体操运动管理主体的认知表达与客体对象的历史实践有着紧密联系。体操运动管理主体的思维与意识表现，表达了体操客体对象在特定社会历史条件下的目的与内容。伴随我国竞技体操的快速发展，以及体操后备人才的缺乏与大众体操动力不足的现实情况，2004年11月，亚洲体操联合会主席二木英德指出，体操的发展应该更加“平民化”[①]，认为“体操不应局限于竞技体操，而应向所有人”[②]。2010年4月，时任体操中心主任推出了“大体操”概念，把传统的竞技性体操与新兴的健美操、街舞、啦啦操、健身操舞等大众性体操全部归入“大体操”，为全民健身作贡献；2014年，为扩大体操后备人才培养，发挥体操的教育意义，体操中心着手推广“快乐体操”；2014年6月，体操中心与教育部体育主管部门达成共识，指出体操进校园不单是指竞技体操，还包括艺术体操、健美操、啦啦操、排舞等[③]。此外，从管理体制分析，除传统的竞技体操项目外，健美操、啦啦操、排舞、健身操舞、广场舞等操舞类运动都归体操中心管理，并下设相应的协会，如健美操协会、排舞协会、广场舞协会等。

此外，在世界体操节的客体对象结构上，表演内容趋向多元化、特色化，世界体操节表演的内容除了传统的竞技体操、艺术体操和技巧运动体系内容外，还融合了轻器械体操、健美操、啦啦操、爵士舞、现代舞、蹦床、游戏及一些民族传统体育等元素在内的结合操和舞等大众性健身活动内容；不比难度

①中国应注重“大体操”［N］. 燕赵晚报，2013-11-25.

②李丽，贾文军. 亚洲体操联合会明年将创办“亚洲体操节”［N］. 南方日报，2013-11-24.

③罗超毅：“五位一体”打造“大体操”概念［N］. 中国体育报，2014-06-05.

比创意，更多的是集体表演，世界体操节的表演队伍人数少则几个人，多则几十人或上百人，可以徒手，可以持轻器械，也可以在器械上完成。表演讲究队形变化和体操技巧动作的巧妙结合，以优美的、艺术化的静态或动态的造型表现运动员的精神文明、整体形象，体现国家的体育水平[①]。可见，世界体操的发展，延展了体操的客体对象系统，不仅包括高难的竞技性体操，也涵盖亲民的大众性体操，是竞技性体操与大众性体操的和谐共生与互助发展。

四、小结

体操内涵突破了其以基本体操与竞技性体操为主的历史视域，从以发展“强身心、悦身心、美身心”为主的结构性视域出发，不仅是推动体操运动从“高、精、尖”走向“水平高、民众亲”的重要思路，也是体操运动本体发展突破动作结构、表现形式等现有瓶颈的重要举措。体操的内涵源于竞技性，宽于大众性，形成了竞技性体操与大众性体操双轨共同发展与相互促进的新局面。一是以发展竞技性体操为主要目的的“快乐体操”悄然兴起，形成了竞技性体操的推广普及立足于大众化的发展方式，奠定了其后备人才培养的“人”的基础。二是以大众性体操为主，以体操进校园为主要措施的新兴健美操、啦啦操、排舞等运动的迅速推广普及，成了各级各类学生与大众喜闻乐见的体育运动，发挥了体操运动“育体、育心”的实践价值。体操内涵结构的纵深发展与外延结构的横向调整，以及价值理性的延伸与拓展，推动了竞技性体操与大众性体操发展在思维结构与实践对象上的相互协调与促进，有助于促进基层体操发展，加速体操后备人才培养与全面推广普及，是《奥运争光计划》、健康中国与全民健身战略实施的客观要求。

①张妍，刘利峰. 对大众体操发展的几点思考［J］. 哈尔滨体育学院学报，2006，24（90）：17-18.

第三章　存在样态：我国体操类项目协同发展的表现形态

基于体操类项目自身所表现的内涵属性与价值效应，自竞技体操、蹦床、艺术体操、健美操、啦啦操等运动项目引入中国以来，其业务管理主要归属于国家体育总局体操中心与教育系统行政部门，及其下设的单项协会或学生体育协会等执行机构。倡导资源整合与相互促进是国家体操类项目发展的整体战略目标。因此，在“体育强国”与“健康中国”战略的大背景下，推进竞技性体操与大众性体操的协同发展，一直以各种形态存在于体操类项目的发展实践中。本章主要探讨体操类项目协同发展的存在样态、发展机理与现实困境。

一、我国体操类项目发展的现状分析

自中华人民共和国成立以来，我国的体操类运动，无论是竞技性体操还是大众性体操均取得了举世瞩目的成绩。竞技性体操方面，我国自20世纪80年代以来就进入了世界体操强国之列，在奥运会、世界锦标赛等世界大赛中取得了优异的成绩。大众性体操的推广普及也迅速发展，体操进校园，排舞、广场舞等在民间的兴起，使体操类项目的发展逐渐纳入各级各类人群，成为“体育强国”与“健康中国”的重要组成部分。在此，主要从体操类项目竞赛与推广普及方面分析其开展的现状。

（一）体操类项目竞赛发展现状

一是竞技体操赛事的发展现状。从1953年开始，体操就与田径、自行车一起举行运动会。1958年，我国首次派队参加在莫斯科举行的第14届世界体操锦标赛，男队获团体赛第11名，女队获团体赛第7名；在1962年举行的第15届世界体操锦标赛上，我国男队获团体赛第4名，女队获团体赛第6名，男子鞍马获第3名，第一次在国际体操赛场升起五星红旗；1979年，在第20届世界体操锦标赛上，我国男队获团体赛第5名，女队获团体赛第4名，马艳红获得女子高低杠冠军，这是第一次在国际体操赛场上奏响中华人民共和国国歌。我国体操队在2000年奥运会、2008年奥运会和2012年奥运会上获男子团体冠军，并夺得第30届、第31届、第33届、第37届、第39届和第40届世界体操锦标赛团体冠军。在2006年举办的第39届世界体操锦标赛中，中国女子体操队第一次获得团体金牌；2008年，在本土举办的北京奥运会上首次获得女子团体金牌，此外获得平衡木金牌两次（2000年、2012年），高低杠金牌三次（1984年、1992年、2008年）。但是，在2016年里约奥运会上，世界竞技体操的格局发生了重大变化，中国队10名参赛运动员中仅张成龙一人参加过往届的奥运会，最终仅获得两枚团体铜牌。总之，进入21世纪，我国的竞技体操稳定地处于世界体操的前列。

自1979年以来，我国的竞技体操比赛步入正轨，每年举行两次全国成人比赛，上半年全国锦标赛，下半年冠军赛；举行一次少年比赛，少年比赛一般在暑假期间举行。表3-1是2010年以来历届全国竞技体操比赛的参赛队伍和人数情况。表3-1中列的比赛以锦标赛、少年赛为主，包含男女运动员，选择锦标赛的参赛队伍数和参赛人数更能反映全国竞技体操队伍的发展趋势。数据表明，参赛人数总体趋势是增长的，但是增长幅度不大。

表3-1　历届全国竞技体操比赛参赛单位和参赛人数统计表

序号	年份	比赛	参赛单位数	参赛人数
1	2010	全国体操锦标赛	24	224
2	2013	全国少年体操赛（第一区）	11	117
3	2015	第一届全国青动会（体操）	21	167
4	2015	全国少年体操比赛	14	117
5	2016	全国青年体操锦标赛	26	204
6	2017	全国少年体操总决赛	18	217
7	2017	第13届全运会体操比赛预赛	22	254
8	2017	第13届全运会体操比赛	22	191
9	2019	第二届全国青运会（体操）	24	238
10	2019	全国体操锦标赛	21	241

注：数据来源于比赛年的秩序册。

二是技巧运动比赛的发展。技巧项目是非奥运会项目，1999年前设有7个比赛项目，分别是女子单跳、男子单跳、女子双人、男子双人、混合双人、女子三人、男子四人。7个技巧项目除女子单跳和男子单跳项目外，所有项目均有音乐伴奏。国际技巧联合会于1973年成立，并于1974年在苏联举办了第 1 届世界技巧锦标赛。随后，于偶数年举办世界技巧锦标赛，奇数年举办世界杯技巧比赛。中国于1956年举办了首届全国性技巧表演赛，自此，一般情况下每年都会举行一次全国性的技巧比赛。1978年是技巧比赛发展的转折点，增加了女子3人项目，此后每年举办两次全国性的技巧比赛：上半年锦标赛，下半年冠军赛。1978年，中国技巧协会加入了国际技巧联合会。1980年9月，中国技巧队首次参加了在波兰举行的第4届世界技巧锦标赛，获11块铜牌。1999年，国际技巧联合会和国际蹦床联合会一并加入了国际体操联合会，成为国际体操联合会的项目之一。

1981年在瑞士举行的第 3 届技巧世界杯赛上我国获得4枚金牌，国际技坛上第一次奏响了中国国歌。从此，中国的竞技技巧运动与国际技巧运动正式接轨。技巧是我国非奥运会项目中的传统优势项目。我国从1980年第一次参加国际比赛至2019年，39年来在国际技巧锦标赛、世界杯赛和世界运动会三大赛事上获得惊人的成绩，赢得了136枚金牌、121枚银牌、103枚铜牌，技巧项目成为我国竞技体育项目在国际大赛中获金牌数前十的项目。

表3-2是全国技巧比赛的参赛队伍数和参赛人数统计表，从表3-2可以看出中国技巧运动的发展历经风雨的历程。2007年的全国技巧锦标赛只有7个队伍73名队员参赛，这种情况一直持续到2011年。2011年后技巧项目的赛制进行了改革：其一，将少年比赛与全国成年比赛合并同时进行；其二，将少年比赛的动作难度降低；其三，将少年组分成幼儿组、儿童组、少年甲组和少年乙组，每个组别又分为运动等级比赛，鼓励儿童少年参加比赛。故从2011年开始，参赛的队伍和人数连年攀升。

表3-2　历届全国技巧比赛参赛队伍和人数统计表

序号	年份	比赛	参赛单位数	参赛人数（男女）
1	2007	全国技巧锦标赛	7*	73*
2	2011	全国技巧冠军赛暨全国青少年技巧锦标赛	21（6）*	360（68）*
3	2014	全国技巧冠军赛暨青少年锦标赛	28（6）*	417（66）*
4	2015	全国技巧冠军赛暨青少年锦标赛	45（6）*	438（59）*
5	2016	全国技巧锦标赛暨青少年锦标赛	56（6）*	421（52）*
6	2016	全国技巧冠军赛暨青少年锦标赛	86（6）*	627（62）*
7	2018	全国技巧锦标赛暨青少年锦标赛	65（6）*	460（68）*
8	2019	全国技巧锦标赛暨青少年锦标赛	73（6）*	528（75）*
9	2019	全国技巧冠军赛暨青少年锦标赛	105（6）*	996（65）*

注：数据来源于比赛年的秩序册。*：为专业队参赛队数和专业队参赛人数，其余为少年业余队参赛人数。

三是艺术体操比赛发展现状。1984年，艺术体操被列为奥运会比赛项目。就目前而言，艺术体操的比赛项目有5种，分别为绳、圈、球、棒、带，在时间、场地、人数等方面均有详细的规定。目前，全国艺术体操比赛分为成年比赛和少年比赛。少年比赛有全国青少年艺术体操锦标赛、冠军赛，全国青少年艺术体操锦标赛暨U系列青少年锦标赛，全国艺术体操个人冠军赛暨U系列个人冠军赛，全国艺术体操集体锦标赛暨U系列集体锦标赛。此外，综合性运动会也设立了艺术体操比赛。综合运动会有4年一届的全国青年运动会和4年一届的全国运动会。

表3–3是2014年以来全国艺术体操比赛参赛队伍和参赛人数情况。从中可以看出2015年全国艺术体操锦标赛和大奖赛专业队比赛参赛人数少，2016年全国艺术锦标赛、2017年全国少年艺术体操锦标赛和2019年第2届全国青年运动艺术体操预赛参赛人数连年增多，原因是与技巧项目一样进行了赛制改革，增加了U系列少年比赛，即按年龄分组比赛。2017年、2018年和2019年中国学生艺术体操比赛的参赛单位和人数猛涨，展现了群众性艺术体操进校园的发展态势。

表3–3　历届全国艺术体操比赛参赛单位和参赛人数统计表

序号	年份	比赛	参赛单位	参赛人数
01	2014	全国艺术体操大奖赛	15	200
02	2015	全国艺术体操大奖赛	8	64
03	2015	全国艺术体操锦标赛	7	53（26）
04	2016	全国艺术体操集体锦标赛	22（13）	132（78）
05	2017	全国青少年艺术体操锦标赛	81	400
06	2019	第二届全国青年运动会艺术体操预赛	85	630
07	2019	全国青少年艺术体操锦标赛	15	162
08	2017	中国学生艺术体操锦标赛	107（28）	900
09	2018	中国学生艺术体操锦标赛	89（25）	970
10	2019	中国学生艺术体操锦标赛	77	785

注：数据来源于比赛年的秩序册。

四是大众性体操比赛的发展现状。大众性体操主要包括健美操、啦啦操、排舞、广场舞等群众喜闻乐见的运动项目。大众性体操近年来在我国取得了快速发展，尤其是健美操、啦啦操、广场舞等项目，赛事规模较大、参赛人数众多，形成了具有中国特色的体操类项目赛事（表3–4、表3–5）。

表3-4　2015—2019年全国健美操、啦啦操、排舞、广场舞赛事一览表

序号	比赛名称	主办单位
1	全国健美操联赛（上海站、烟台站、珠海站、保定站、广东站等）	国家体育总局体操运动管理中心、中国健美操协会
2	全国健美操锦标赛	国家体育总局体操运动管理中心、中国健美操协会
3	全国健美操冠军赛	国家体育总局体操运动管理中心、中国健美操协会
4	全国全民健身操舞大赛	国家体育总局体操运动管理中心、中国健美操协会
5	中国大学生健美操锦标赛	中国大学生体育协会
6	中国中学生健美操锦标赛	中国中学生体育协会
7	中国高等职业院校健美操比赛	中国大学生体育协会、中国大学生体育协会职业教育学校体育工作委员会
8	全国啦啦操联赛（郑州站、南昌站、北京站、东海站、成都站、新疆站、沈阳站、淮南站、徐州站、南宁站、福州站、厦门站、长沙站等）	国家体育总局体操运动管理中心、中国大学生体育协会、中国中学生体育协会
9	全国啦啦操锦标赛	国家体育总局体操运动管理中心、中国大学生体育协会 、中国中学生体育协会、江苏省溧阳市人民政府
10	全国啦啦操冠军赛	国家体育总局体操运动管理中心、中国大学生体育协会 、中国中学生体育协会
11	中国（南京）啦啦操公开赛	国家体育总局体操运动管理中心、南京市人民政府
12	全国啦啦操联赛总决赛暨中国啦啦之星争霸赛总决赛	国家体育总局体操运动管理中心、中国大学生体育协会、中国中学生体育协会
13	2017年中国（日照）国际啦啦操精英赛	国家体育总局体操运动管理中心、山东省体育局日照市人民政府

（续表）

序号	比赛名称	主办单位
14	全国啦啦操精英赛（苍南站、无锡站、昆明站等）	国家体育总局体操运动管理中心
15	中国少儿啦啦操精英赛	国家体育总局体操运动管理中心
16	中国校园啦啦操锦标赛	中国大学生体育协会
17	舞动中国排舞联赛（邵阳站、北京站、四川成都站、福建站、青海西宁站、广东站、山东站、重庆站等）	国家体育总局体操运动管理中心、全国排舞广场舞推广中心
18	舞动中国—排舞联赛总决赛	国家体育总局体操运动管理中心、杭州市体育局、滨江区人民政府
19	“舞动中国”全国广场舞联赛（湖北武汉站、广东站、重庆站、青海西宁站、昆山站、山东赛区、云南赛区、福建赛区等）	国家体育总局体操运动管理中心、全国排舞广场舞推广中心
20	“舞动中国”全国广场舞锦标赛	国家体育总局体操运动管理中心、全国排舞广场舞推广中心
21	全国夕阳红广场舞大赛	国家体育总局体操运动管理中心
22	全国中老年广场舞大赛	国家体育总局体操运动管理中心、中国老年人体育协会
23	“我要上全运”全民健身网络竞赛全国广场舞大赛	中华全国体育总会
24	全国广场舞大赛总决赛	国家体育总局社体运动管理中心、中国社会体育指导员协会
25	2018年中国美丽乡村广场舞大总决赛	国家体育总局社体中心

注：数据来源于比赛年的秩序册。

表3–5　我国校园健美操、啦啦操赛事一览表

地区	赛事名称	主办单位
中国	全国中学生健美操、啦啦操锦标赛	中国大学生体育协会
中国	中国大学生健康活力大赛健美操啦啦操比赛	中国大学生体育协会
江苏省	江苏省第十五届中学生健美操、啦啦操锦标赛； 江苏省健美操、啦啦操锦标赛	江苏学生体协 江苏省两操协会

（续表）

地区	赛事名称	主办单位
中国	中国大学生健美操锦标赛	中国大学生体育协会
中国	中国中学生健美操锦标赛	中国中学生体育协会
中国	中国高等职业院校健美操比赛	中国大学生体育协会、中国大学生体育协会职业教育学校体育工作委员会
中国	中国校园啦啦操锦标赛	中国大学生体育协会
北京市	北京市健美操、啦啦操锦标赛；北京市中小学生健美操啦啦操比赛	北京市学生体协 北京市两操协会
广东省	广东省“浪奇杯” 大学生、中学生健美操啦啦操联赛；广东省健美操啦啦操总决赛；广东省健美操啦啦操锦标赛	广东省学生体协 广东省两操协会
山东省	山东省大学生健美操啦啦操公开赛	山东省学生体协 山东省两操协会
四川省	四川省大学生健美操、啦啦操、体育舞蹈比赛	四川省学生体协 四川省两操协会
陕西省	陕西省中学生健美操、啦啦操锦标赛；陕西省中小学健美操、艺术体操、啦啦操比赛	陕西省学生体协 陕西省两操协会
湖南省	湖南省大中学生健美操、啦啦操比赛；湖南省“阳光体操节”健美操啦啦操比赛	湖南省学生体协 湖南省两操协会
湖北省	湖北省大学生健美操、艺术体操锦标赛	湖北省两操协会
上海市	2019“上海·泾彩杯”校园健美操、啦啦操全明星大赛	上海市学生体协 上海市两操协会
山西省	山西省健美操、啦啦操锦标赛；山西省第十五届运动会大学生健美操、啦啦操比赛	山西省学生体协 山西省两操协会
浙江省	浙江省中学生健美操、啦啦操比赛	浙江省学生体协 浙江省两操协会
江西省	江西省运会健美操、啦啦操比赛	江西省学生体协 江西省两操协会
新疆维吾尔自治区	自治区大学中学生健美操、啦啦操、健康街舞比赛	新疆学生体协 新疆两操协会

（续表）

地区	赛事名称	主办单位
广西壮族自治区	2018广西学生健美操啦啦操锦标赛	广西学生体协 广西两操协会
云南省	云南省第一届校园健美操啦啦操锦标赛	云南省学生体协 云南省两操协会

注：数据来源于比赛年的秩序册。

健美操赛事包括竞技健美操赛事与大众健美操赛事。竞技健美操的比赛项目包括男子单人操、女子单人操、混合双人操、三人操、五人操、有氧舞蹈与有氧踏板等项目。大众健美操赛事包括全民健身操、时尚健身操、有氧健身操、民族健身操等内容，不同年龄、不同层次的人都可以参加。2016年，中国健美操队在第14届健美操世锦赛（韩国仁川）中获得2金3银1铜的优异成绩，首次获得世锦赛团体冠军，完成了中国健美操人多年的夙愿。2017年4月，在日本举行的健美操世界杯比赛中，中国队再次获得五人操项目冠军。2018年，在葡萄牙吉马良斯举行的第15届世界健美操锦标赛中，中国健美操队获得五人操金牌、三人操银牌、三人操铜牌、有氧舞蹈和有氧踏板银牌，并以1金3银1铜的优异成绩位居奖牌榜第3位。综上，我国竞技健美操运动水平处于世界一流。

啦啦操运动于2002年引入我国，首先在大中小学校得到广泛开展，并受到了广大学生的青睐。2010年，我国建立了全国啦啦队联赛体系。目前，我国主要的啦啦操项目有全国啦啦队锦标赛、全国啦啦队联赛、全国啦啦队锦标赛、全国大学生啦啦队锦标赛、全国中学生健美操啦啦队锦标赛、中国啦啦队公开赛、中国啦啦队大奖赛、中国大学生全明星啦啦队锦标赛、各省市啦啦队比赛、其他赛事（包括系列赛、大奖赛、邀请赛和商业赛事）等一系列赛事。相关资料显示（不完全统计），从全国啦啦操联赛2010年开办至2019年，开赛地区和参与人数呈几何式增长。2010年，举办了全国啦啦操联赛分站赛6站，6000余人参赛。2013年17站，参加比赛的学校多达2000余所，参赛的运动员多达3.5万人。到2018—2019年时全国啦啦操联赛分站赛为29站，参赛人数达10万余人（表3-6），成为国家体育总局赛事发展最快的项目之一。

表3-6　2010—2019年全国啦啦操联赛参赛情况

年份（年）	分赛区（个）	参赛人数（约）
2010	6	6000

（续表）

年份（年）	分赛区（个）	参赛人数（约）
2011	10	10000
2012	14	20000
2013	17	35000
2014—2015	24	50000
2016—2017	26	60000
2017—2018	26	70000
2018—2019	29	100000

注：数据来源于比赛年的秩序册。

排舞于2002年引入我国，2006年全健排舞推广精英团队成立。全健排舞首次亮相全国大型活动是在2008年8月8日北京奥运会开幕当天的早晨，当时在天安门广场举行了“祝福北京祝福奥运”千人排舞大展演。自2008年中华全国总工会、中国职工文体协会在全国产业职工中率先推广全健排舞以来，得到全国各地总工会的大力支持。2006年10月在上海市第十三届运动会中设置了排舞比赛；2008年中华全国总工会和国家体育总局体操运动管理中心开始把排舞列为大众健身项目重点推广。2013年是排舞运动的重要年份，全国排舞广场舞推广中心在杭州成立，推出的“舞动中国—排舞联赛”（分区赛）于2014年、2015年、2016年、2017年、2018年和2019年在全国31个省市全面开展。随着排舞进校园、进社区、进企业等活动的开展，排舞成了全民参与的健身娱乐项目，参与排舞活动的人数连年攀升。2014年由国家体育总局体操运动管理中心、全国排舞运动推广中心、重庆市教育委员会主办，重庆三峡学院承办，重庆市学生体育协会、重庆市大学生体育协会协办的2014年“舞动中国—排舞联赛（总决赛）”和2014年“万人同跳一支舞——共创排舞吉尼斯世界纪录”挑战活动在全国拉开序幕。在2016年11月挑战排舞吉尼斯活动中，全国14个城市的大妈跳起“斗牛舞”，共有50085人参与，成功创造新的最大规模排舞（多场地）吉尼斯世界纪录①。

①吉尼斯世界纪录最大规模排舞挑战活动成功举行.［EB/OL］.（2016-11-07）［2023-02-13］. https://www.sohu.com/a/118341393_539527.

广场舞竞赛或表演深入各类社会组织或群体中。2015年5月，先后举办了全国广场舞挑战赛、全国广场舞大赛、全国广场舞公益巡回赛、“健康中国行”全国广场舞比赛。全国15个省（市）成立了分赛区组委会，每个分赛区不少于15个项目，平均参赛人数300人，共67500人，有效覆盖人群近30万人①。2017年全国广场舞大赛持续5个月，直接参赛人数超过2万人，参赛选手遍布全国②。2016年10月，文化部国家公共文化发展中心和中国文化中心协会举办全国人民广场舞优秀作品展览活动，500多名参演演员与500多名当地群众在西安市大明宫御道广场齐舞，5000多名群众争相观看，场面气氛热烈；中国文化网络电视和微信平台同步播出了展演活动，近13万人在线观看了直播。2016年9月，由中共辽宁省委宣传部、辽宁省文化厅主办，辽宁省群众艺术馆承办的“情系家国 放歌振兴”全省广场舞展演有来自全省14个市的30支广场舞团队近2000人参加展演。2016年9月，湖南举办社会主义核心价值观原创广场舞大赛，来自全省14个州市的14支优秀广场舞队伍悉数亮相，大拼舞艺，现场汇聚成一片欢乐的海洋。2018年，广场舞大赛的直接参赛人数超过10万人，关注群体逾千万人③；安徽省2018年“最强舞王”广场舞大赛共举行了海选赛42场，有1182支队伍的近2.3万人参赛，吸引了514.9万人关注④。近年来，广场舞成为各类组织与群体喜爱举办的表演或竞赛，成为反响比较热烈的全国性文化表演或竞赛活动之一。

综上所述，竞技体操、技巧运动、艺术体操和竞技健美操等项目在国际比赛中的成绩较为稳定，国内比赛的队伍和参赛人数在缓慢增长。大众性体操类项目发展较快，大众健美操、啦啦操、排舞和广场舞的发展尤为迅速。

（二）体操类项目推广普及现状

1. 快乐体操的发展现状

当前，我国青少年体质健康问题突出，竞技体操后备人才严重不足，体

①健康中国行—全国广场舞大赛官方网站-首页：http：//www.gcwchina.com/.

②8月8日全国广场舞大赛启动赛事做公益［EB/OL］.［2022-10-30］. http：//sports.cctv.com/2017/09/09/ARTIcc8jFwglAfzJIFHP4WGO170909.shtml.

③全国广场舞大赛总决赛将在武汉举行［EB/OL］.［2022-10-30］. https：//baijiahao.baidu.com/s?id=1615936048207408571&wfr=spider&for=pc.

④张宣剑. 2018年安徽省“最强舞王”广场舞总决赛隆重举行［N］. 安徽商报，2018-08-30.

操在学校体育中不受重视。在这种情况下，国家体育总局体操运动管理中心在2014年提出了“快乐体操”的新概念，同时，制定了《快乐体操国家级练习标准》《教材教学方法》《竞赛规则与评分标准》《教练员等级认定标准》《俱乐部建设标准》等一系列教学竞赛规定。据不完全统计，近几年我国共举办近40场各级体操比赛，累计参赛队近800个，参赛队员1万余人；组织各种范围的教练员、辅导员培训近20次；超过 100 家快乐体操俱乐部（教学中心）先后成立，70余所学校、幼儿园成为“快乐体操进校园试点单位”，快乐体操呈现强劲的市场化发展趋势①。

我国快乐体操呈现“自上而下”的开展方式，快乐体操俱乐部的审批、快乐体操进校园、教练员裁判员培训、赛事举办、器材标准等全部由政府操办。这种行政模式具有很强的动员和组织能力，能在全国范围内快速掀起快乐体操的热潮，但不可避免地带有计划经济的色彩②。社会体育俱乐部不是公益组织，而是要考虑自身经济效益、进行有偿服务的培训机构。城市居民的整体消费水平与俱乐部参与有偿培训的人数成正比，在消费水平偏低的城市，参与有偿培训的人数就偏低，参与人数偏低又会影响俱乐部的经济效益，从而影响城市俱乐部的发展。因此，我国的体育俱乐部主要集中在一些大中型城市，小城市的体育俱乐部偏少。考虑到快乐体操在全国范围的推广与普及，仅仅以俱乐部为主要形式的商业化推广远远不够。学校是青少年接受教育活动的主要场所，所以立足于校园，让快乐体操进校园，才能使快乐体操实现最大程度、最大范围的发展。但从目前情况看，快乐体操进校园也面临各种各样的困难，快乐体操校园化成效并不理想，还需进一步改进和完善。

目前，我国快乐体操最主要的推广途径是社会体育俱乐部。由于多数俱乐部集中在租金高昂的大型商圈，这导致参与快乐体操培训的费用居高不下，很大程度上影响了快乐体操的普及与发展。据了解，快乐体操运动单次费用高达200元，大城市会更高。因此，一些家长不愿承担子女练习的费用，这种有偿服务与消费力不足的矛盾异常突出。快乐体操作为一个新兴项目，师资不足是其面临的挑战。从快乐体操第1期教师培训到现在，虽然吸引了很多人参与，但面向全国范围的推广还远远不够。据了解，参与快乐体操培训班的教师很少是学校的体育教师。由于快乐体操的教学内容、方法与传统体操课存在明显的差异，因此，即便是能进行体操动作技能教学的学校体操教师，也不具备快乐体操的执教资格。

①陈永青. 我国快乐体操的发展机遇与挑战［J］. 当代体育科技，2019，9（6）：225-226.

②谢春雨. 我国快乐体操运动发展思考［J］. 体育科技文献通报，2016，24（6）：102-103.

2. 体操进校园的发展现状

2015年“两会”期间，教育部列出七项国家重点扶持体育项目，体操就是其中之一。2016年5月，国务院发布《关于强化学校体育促进学生身心健康全面发展的意见》（国办发〔2016〕27号），提出要积极推进体操等基础性项目建设，逐步形成“一校一品”“一校多品”的教学模式。探索校园体操的推广与普及，构建适应学生、学校与社会需求的发展模式，树立学校体育改革与发展的典范，是贯彻执行国家政策与落实学校体育工作任务的重要举措。2014年6月，时任体操中心主任的罗超毅认为推进体操进校园，是扩大体操人口的基础工程，能为中国体操乃至中国体育打下坚固的金字塔人才塔基，并开展了“一市、一县、一区”体操进校园的试点工作。

随着体操进校园的蓬勃发展，“奥运健儿公益服务大行动暨大众体操进校园活动”“大体操进校园课间团体展示活动暨全国啦啦操实验学校”授牌、建立“快乐体操进校园全国示范区”“体操进校园试点”等活动都让更多的中小学生有机会了解体操、蹦床、技巧等项目。部分省（区、市）还开展了“大体操进校园”师资能力提高培训班等。2016年，全国全民健身操舞大赛在全国25个省市举行，参赛人数近10万人。截止2016年，全国超过3万所学校开展了啦啦操运动，每年有近6万学生参加各类比赛。2016年，“一起舞吧”全国排舞、广场舞公益活动在全国展开，据初步估算，现有近1亿人参加了排舞与广场舞活动。

二、体操类项目协同发展的方式

协同学强调的是组织系统中各子系统的协调与合作，表现为各子系统与组成因素共同参与系统内各项活动的相互协调、资源整合。竞争与合作是制度内自我完善的内在动力，即增强制度抵御风险的能力，促进制度内个人的自我完善，共同促进制度的发展[①]。体操类项目的发展涉及多个子系统，从项目类型来看，包括大众性体操与竞技性体操，其中大众性体操包括健美操、啦啦操、基本体操、排舞等，竞技性体操包括技巧、竞技体操、蹦床、艺术体操等。每个项目都有相应的组织机构、协会等助推其发展。从管理主体来看，体操类项目的管理主体涉及政府部门、事业单位、行业协会与体育社会组织等。从活动

①董杰. 基于协同学视角的高职创业教育现存问题与发展路径［J］. 教育与职业，2018（23）：74-77.

类型来看，包括运动训练、赛事组织、健身活动与推广普及等。体操类项目的协同发展是各子系统的相互作用与相互协调，使之从无序到有序发展的过程。

（一）组织主体的协同助推大众体操发展

主体在哲学上指对客体有认识和实践能力的人。主体协同是指参与主体之间的相互协调与合作。体操类运动是以人的实践为基础的文化活动，是社会文化发展的一部分，其发展变迁与存在样态总是与人们的生活联系在一起，且具有时代性、社会性、差异性与继承性。体操作为体育之父，不仅有着悠久的历史，而且对人们的生产与生活产生了重要的影响，包括教育、军事、全民健身、体育产业等方面。因此，体操类项目的发展也深刻反映了人们对于体操的客观需求，以及随着时代发展人们对体操认知观念的转变。系统论的观点认为，任何事物的发展都存在一个普遍的系统，且系统、要素、环境三者之间相互作用。国际与国内大众体操的发展也是在这一系统的大环境下整体运行的，且各要素之间相互影响与作用。

1. 组织主体的协同助推了世界大众体操的发展

世界大众体操的快速发展是各参与主体相互协调与合作共同助推的结果，是各参与主体从无序的状态转化为子系统之间形成密切协同合作关系并引起系统整体结构与功能发生突变的过程。世界大众体操的发展是各国的体操参与主体共同合作与协调的过程，它首先在欧洲盛行，然后逐步推广至全世界，实现了各参与主体的协同从低级有序到高级有序的转变。具体表现为大众体操在欧洲的兴起，以及世界体操节的举办，使得体操的发展成为世界各国与世界体操联合会，以及各下属机构共同助推的体育运动。

从1953年至2015年，世界体操节已成功举办15届，早已成为世界上规模最大的体操盛会。其中，第1届的参赛人数为5000余人，参赛国家14个，发展至今，第15届体操节参赛人数多达23000余人，参赛国家50余个（表3-7）。2016年，亚洲体操联合会每三年举办一次的亚洲大众体操节和第五届全民健身舞蹈决赛在青岛大学举行。这届体操节吸引了来自世界8个国家和地区的近万名运动员参加，包括中国、日本、澳大利亚、芬兰、韩国、荷兰、马来西亚等①。

①亚洲大众体操节暨第五届全国全民健身操舞大赛总决赛青岛落幕［EB/OL］.［2022-10-8］. http://sports.iqilu.com/caipiao/2016/1008/3084765.shtml.

比赛期间举办了“大众体操发展的机遇与挑战高层论坛”，会议讨论了国际大众体操运动的历史与发展趋势，国际体操联合会大众体操委员会马格利特（Margaret）女士在会议上详细、全面地讲解了国际大众体操的发展态势，指出“大众体操的发展顺应了社会与文化发展的环境，是社会发展的必然产物，这也说明了不同国家国情与文化，必然会表现出不同的形式与理念”①。世界大众体操的发展不是单一的发展过程，是系统内部各要素相互作用的结果，包括人们的需求、主体的推动、观念的引导、文化的传播等，是一个系统的实践过程。

表3-7　历届世界体操节参与国家、地区与人数统计表②

届数	1	2	3	4	5	6	7	8	9	10	11	12	13	14	15
年份	1953	1957	1961	1965	1969	1975	1982	1987	1991	1995	1999	2003	2007	2011	2015
举办城市	鹿特丹	萨格勒布	斯图加特	维也纳	巴塞尔	柏林	苏黎世	赫尔宁	阿姆斯特丹	柏林	哥德堡	里斯本	多伯恩	洛桑	赫尔辛基
参赛国家	14	18	16	26	28	19	22	26	31	34	37	46	56	55	50
参加人数	5000	6000	10000	15600	9600	10500	14200	17300	18400	19200	20800	21600	23726	19000	23000

2. 政府与社团协同助推我国大众体操的发展

公共管理领域的学者认为，包括政府在内的公共组织的宗旨是提供公共产品和服务，以满足组织外部而不是组织内部的人的需要③。从公共部门经济学的角度看，政府又称公共部门，具有资源配置、收入分配和宏观调控三大职能，能引导社会资源配置的流动和结构。体育社团在我国是一类具有特殊性质的民间体育组织，它是建立官方与民间、政治与社会、经济与文化等之间的联系纽带与中间桥梁，兼有衔接官方与民间体育发展任务的具体职能。我国体操类项目的发展正是在政府部门与体育社团组织相互合作的整体框架之下，即由国家体育总局体操运动管理中心牵头，与各类单项协会，如体操协会、健美操

①大众体操高层论坛开讲，罗超毅：发展应放眼世界［EB/OL］.［2022-9-24］https：//www.163.com/sports/article/C1O6UFUQ00051CAQ.html.

②齐博. 世界体操节举办盛况对我国体操项目发展的启示［J］. 体育科技文献通报，2012，20（7）：83-84.

③亨利·尼古拉斯. 公共行政与公共事务（第八版）［M］. 张昕，等译. 北京：中国人民大学出版社，2002：92.

协会、全国啦啦操委员会、排舞广场舞推广中心等的共同协作进行助推，开展体操类项目的赛事组织、技能培训、运动训练与推广普及等工作。

2019年，第2届中国体操节就是由国家体育总局体操运动管理中心 、山东省体育局、日照市人民政府主办，全国啦啦操委员会、日照市体育局、南京新恒鼎体育推广有限公司承办，参赛人数近3万人。全国全民健身操舞大赛是国内另一项具有影响力的体操类赛事，并得到了政府部门、体育社团、媒体与企业的大力支持。2015年，全国全民健身操舞大赛总决赛得到了青岛市委与市政府的高度重视，同时也获得了社会各界的大力支持，参赛人数有近7000人。2016年的全国全民健身操舞大赛从3月开始了分站赛，总共历时6个月，全国20多个省市举办分站赛，参赛的运动员多达5万人，参加比赛的队伍多达2000多支；同时，上千万人参与了一系列的推广活动，100多家媒体进行了跟踪报道，在中国形成了非常重要的影响力，为全民健身事业的推广贡献了重要力量①。2017年，在全国全民健身操舞大赛总决赛5天的比赛时间里，来自全国20个分赛区30个省市精心选拔、推荐的370多支参赛队伍、近8000名运动员齐聚青岛。中国体操节与全国全民健身操舞大赛的发展正是各参与主体共同协作的结果。

（二）联动性的体操类项目赛事活动平台

体育赛事属于社会活动，是具有项目管理性的特殊事件。任何人类社会活动都必须具有多种管理功能。管理是为达到预期目的而进行的具有特殊功能的活动②。体育赛事的运作是赛事组织主体通过行使管理职能，合理运用和分配赛事投入的人力、物力、财力和信息技术，有效创造竞赛产品和相关服务的过程，以达到活动的目的。可见，体育赛事的运行过程需要管理，即存在着计划、组织、协调、控制与创新等主体行为。体育赛事有多种类型，包括综合性赛事（如全运会、奥林匹克运动会等大型运动会）、单项体育赛事（如锦标赛、冠军赛、世界杯赛等）。由于体操类赛事涉及的运动项目较多，且各项目均有自身的特色，所以越来越多的体操类赛事呈现出综合性赛事的状况，表现为一个赛事有多个项目的比赛，各赛事组织、机构等由共同的协调机构进行牵头，形成相互合作与协调的赛事系统（表3-8）。

①刘淑红，吴志成. 2016亚洲大众体操节落户青岛9月21日开幕［EB/OL］.［2022-09-14］. https://www.sohu.com/a/114353732_114775.

②周三多，陈传明，刘与馨等. 管理学——原理与方法［M］. 上海：复旦大学出版社，2003：15-17.

表3-8 综合性的体操类项目赛事

<table>
<tr><th>序号</th><th>活动名称</th><th>项目设置</th><th>时间</th></tr>
<tr><td>1</td><td>2019年中国体操节</td><td>啦啦操、排舞、健美操、跑酷</td><td>2019年12月</td></tr>
<tr><td>2</td><td>2018年中国体操节</td><td>技巧、啦啦操、排舞、全民健身操</td><td>2019年7月</td></tr>
<tr><td>3</td><td>2019年中国大学生健康活力大赛</td><td rowspan="2">健美操、校园健身操舞（健身排舞、健身瑜伽、中国风健身舞）</td><td>2019年11月</td></tr>
<tr><td>4</td><td>2018年中国大学生健康活力大赛</td><td>2018年11月</td></tr>
<tr><td>5</td><td>2017年中国大学生健康活力大赛</td><td rowspan="2">健美操、艺术体操、健身健美、校园健身操</td><td>2017年11月</td></tr>
<tr><td>6</td><td>2016年中国大学生健康活力大赛</td><td>2016年11月</td></tr>
<tr><td>7</td><td>2018年全国全民健身操舞大赛</td><td rowspan="2">有氧健身操（舞）、时尚健身课程、广场舞健身操（舞）、街舞、民族健身操舞、家庭健身操舞</td><td>2018年10月</td></tr>
<tr><td>8</td><td>2016年全国全民健身操舞大赛</td><td>2016年9月</td></tr>
<tr><td>9</td><td>2018年湖南省学生阳光体操节</td><td>健美操、啦啦操、竞技体操、体育舞蹈、跳绳</td><td>2018年6月</td></tr>
</table>

注：数据来源于各比赛秩序册。

中国大学生健康活力大赛是以高等学校学生为参与主体，多个体操类项目共同进行的赛事平台，是由中国大学生体育协会主办，中国大学生体育协会健美操艺术体操分会执行的综合性体操类赛事，截至2018年，已连续举办了14届。2015年第11届比赛共设置6个项目，分别是街舞、排舞、中国风、节奏体语、健身健美和瑜伽，共有来自北京、上海、江西、浙江、安徽、四川、新疆、河北、广东、陕西、辽宁、黑龙江、广西、山东等省市自治区的35所大学的4000余名运动员参赛。2016年第12届比赛设置了健美操、艺术体操、健身健美、校园健身操舞等4个大项的比赛，吸引了来自北京大学、清华大学、同济大学、上海大学等130余所高校代表队的近2000名运动员和教练员参赛①。2017年第13届比赛设置了健美操、健身健美以及校园健身操舞3个大项，涵盖24个组别303个小项，比赛共计吸引来自全国各地110余所高校近2000名运动员参加②。2018年该比赛设置的项目包括健美操、校园健身操舞等项目③。中国大学生健

①搜狐体育. 2016第12届中国大学生健康活力大赛圆满落幕［EB/OL］.［2022-11-18］. https：//www.sohu.com/a/119331839_501181.

②搜狐体育. 2017第13届中国大学生健康活力大赛暨中国大学生健美操、健身健美、校园健身操舞锦标赛盛大开幕［EB/OL］.［2022-11-24］. https：//www.sohu.com/a/206766732_449366.

③中国大学生体育协会. 关于举办第 14 届中国大学生健康活力大赛的通知［Z］. 大体协［2018］265号，2018.8.28.

康活力大赛的发展促进了体操类项目，如健美操、艺术体操、健身健美、校园健身操等在高等学校的发展，为高等学校体操类运动的发展提供了赛事与表演平台。

全国全民健身操舞大赛是以全民参与为基础，多个体操类项目共同发展的赛事平台。全国全民健身操舞大赛是由国家体育总局体操运动管理中心、中国健美操协会主办，自2012年举办以来，截止到2018年，已经连续举办了7届，2017年成为由国家体育总局立项的全民健身运动赛事。全国全民健身操舞大赛设置了5个大类，分别为有氧健身操舞、民族健身操舞、时尚健身课程、广场健身操舞与街舞，包括70多个小项，它是全民运动赛事中覆盖地域最广、参赛人群最多、年龄跨度最大的单项体育赛事。全国全民健身操舞大赛设置了省市分站赛与总决赛，2017第6届全国全民健身操舞大赛在全国30省市进行分赛区、推广赛及推广培训工作活动，参赛人数达5万人次，受益达20万人①。全国全民健身操舞大赛已成为各级各类人群参与的全民性体育赛事，有效地推进了健身操舞、广场舞、排舞等在学校、社区、企业等的发展，成为全民健身的重要组成部分。

湖南省学生阳光体操节是省级综合性体操类赛事的典型案例，有效地促进了湖南省体操类运动的发展。湖南省学生阳光体操节是由湖南省学生体育协会主办，湖南师范大学体育学院承办、中国大学生健美操艺术体操协会湖南省区联络处及湖南省社会指导员协会协办的赛事。该赛事自2008年始已连续举办了11届，湖南省学生阳光体操节设置的项目包括健美操、啦啦操、竞技体操、体育舞蹈、跳绳、健康街舞、排舞与节奏体语等7个大项，400余个小项，设置的组别包括大学组、高职高专组、中学组、幼儿园组与俱乐部组。2018年该项赛事有来自湖南省的6201人参赛。湖南省学生阳光体操节比赛有效地推动了湖南省体操类项目在学校的发展，为各级各类学校体操类项目的发展提供展示的平台。综合性体操类赛事的发展，不仅有效节约了赛事的组织资源，而且促进了各项目之间的相互宣传与推广，形成了良好的互动效应。

（三）互助式的体操类项目推广普及模式

根据协同学理论，由大量子系统组成的复杂系统从无序到有序转变的关键

①搜狐体育. 第六届2017全国全民健身操舞大赛总决赛颁奖盛典圆满落幕［EB/OL］.［2022-09-27］. https：//www.sohu.com/a/195020994_472516#：~：text=.

是开放系统内部产生协同的复杂协同。它强调系统内部的关联与互动，强调当系统结构或要素发生变化时，要素之间的相互协作与耦合机制。体操类项目的推广普及，一方面是项目本身助推的结果，另一方面也是各项目相互协同与合作产生的积极效应。主要表现为快乐体操、体操进校园，以及其他类型体操类项目的发展，对体操总体的发展形成了巨大的影响力，呈现出良好的社会效应。

一是快乐体操的兴起与发展是实现竞技体操稳步发展的奠基工程。体操中心于2014年7月推出了快乐体操，并培养了首批约400名教练员与裁判员①。2014年，时任体操中心主任的罗超毅指出，快乐体操的发展主要是面向竞技体育俱乐部。竞技体操是奥运金牌项目，在国际上具有重要的影响力，也是“大体操”发展与建设的基础。因此，快乐体操的发展，不仅要让单杠、双杠走进学校、走进体育课，而且要在社会体育俱乐部中推广竞技体操。为了促进快乐体操在3～11岁儿童中的全面推广与普及，我们采取了以下措施：一是制定了一套由初级到高级的锻炼标准；二是在全国范围内进行快乐体操指导员的培训工作；三是开发适合青少年快乐体操练习与学习的器材，以及相应的保护设施②。

二是体操进校园成为体操人才培养的基础性工程。体操类项目进校园工作于2013年启动，首先在北京两个学校进行了试点并取得了优异的成绩，新学期北京市东城区试点学校扩大到10所中学与10所小学。通过试点活动的开展，届时将有上万名中小学生感受到啦啦操、健美操等非竞技性体操项目带来的益处。2013年，时任体操中心副主任的罗超毅指出，“要充分发挥体操的教育价值，逐步将其融入学校体育活动。对体操的认识不应局限于竞技体操的视野，通过体操的实践和发展，大众体操已成为体操的重要组成部分，包括健美操、啦啦队、排舞、街舞等近三年风靡全国的强项，全国已有100多万中小学生参加了啦啦队比赛。去年有两万多人参加啦啦队联赛和表演”③。2013年，第14届世界体操节于2011年在瑞士洛桑举行，参赛的人数多达22000余人，参赛的人群从幼儿到老年人，说明了大众体操在世界范围内具有重大的影响力。体操进校园逐步推广实施后，在众多参加体操的年轻人中，有很多人对体操产生浓厚的兴趣，推动他们追求更高、更强、更难的项目，为中国竞技体操、艺术体

①王向娜.“快乐体操”杨帆起航［N］.中国体育报，2015-03-27.

②邵帅，周宇.推广快乐体操——总局体操运动管理中心主任罗超毅“在线访谈”摘编［N］.中国体育报，2014-07-11.

③杨卓越.“大体操”进校园 发挥体操运动综合作用［EB/OL］.［2022-10-30］.https：//www.sport.gov.cn/n20001280/n20745751/n20767277/c21461991/content.html.

操、蹦床等奥运体操项目培养后备人才[①]。

三是全民健身操舞、广场舞、排舞等的推广活动成效显著。自2016年起，全国排舞广场舞推广中心发起了“健康中国，一起舞吧”中国广场舞公益行活动[②]（表3-9）；2017年，国家体育总局社会体育指导中心启动了全国社会体育指导员（广场舞）公益培训班[③]。这些推广活动的开展，每年培养了大量的健身操、广场舞与排舞等骨干人才，促进了健身操、排舞、广场舞等体操类运动深入各级各类人群，这些体育文化活动受到了人民群众的广泛青睐，逐渐成了参赛人数多、覆盖范围广的全民健身体育运动。因此，推广活动使运动项目的发展实现相互促进与共同进步，是促进体操类运动科学与规范发展，以及保障竞技性体操与大众性体操均衡发展的重要举措。

表3-9　2018年“健康中国，一起舞吧”中国广场舞公益行活动

活动时间	站点名称	推广单位（大使）	参与人数
2018年11月22日	韶关乐昌梅花站	广东省中心	180余人
2018年5月26日	太原迎泽区站	山西省中心	300余人
2018年4月27日	东莞站	广东省中心	200余人
2018年4月25日	广州天河区	广东省中心	50余人
2018年4月9日	深圳龙岗富民公园	广东省中心	未统计
2018年4月8日	深圳龙岗区坪东社区	广东省中心	未统计
2018年5月10日	福建厦门站	厦门市职工文化体育协会	100余人
2018年4月7日	深圳南山区太子山庄花园	广东省中心	未统计
2018年4月15日	广东省韶关市山子背村站	广东省中心	80人
2018年5月3日	福建永安站	高玉珍老师	160人
2018年4月9日	广东省乐昌市北乡镇站	广东省中心	120余人
2018年5月4日	河北省廊坊固安永惠站	河北省廊坊市广场舞协会	150余人
2018年4月28日	河北省廊坊市万达广场站	河北省廊坊市广场舞协会	650余人
2018年4月29日	浙江省绍兴站	浙江省中心	未统计
2018年4月21日	江西省金溪县	抚州市体育总会	200余人

①杨卓越. 培养孩子体操兴趣别让大众体操远离校园［EB/OL］.［2022-11-01］. https：//www.sport.gov.cn/n20001280/n20745751/n20767239/c21873919/content.html.

②体操运动管理中心. 2016“中国广场舞推广大使”新闻发布会暨“一起舞吧”大型公益活动启动仪式在京召开［EB/OL］.［2022-06-22］. https：//www.sport.gov.cn/n315/n20067425/c20280408/content.html.

③黎庆. 三城联动广场舞公益培训扎根基层促发展［N］. 中国体育报，2017-12-29.

（续表）

活动时间	站点名称	推广单位（大使）	参与人数
2018年4月26日	江苏省盐城响水站	江苏省中心	未统计
2018年3月31日	深圳龙华区大浪羊台山森林公园	广东省中心	未统计
2018年3月29日	深圳龙华区水榭春天花园	广东省中心	90余人
2018年4月17—18日	重庆站	重庆市中心	未统计
2018年4月22日	成都天府站	四川中心	近100人
2018年4月22日	河北省廊坊站	河北廊坊市广场舞协会	100余人
2018年4月19日	江苏南京站	江苏省中心	100余人
2018年4月25日	杭州拱墅区站	浙江省中心	未统计
2018年4月21日	江苏省盐城站	江苏省中心	300余人
2018年4月16日	云南省昆明站	云南省中心	未统计
2018年4月9日	陕西省西安站	陕西省中心	300余人
2018年3月27日	深圳宝安区西乡公园	广东省中心	未统计
2018年4月7日	江苏省连云港站	江苏省中心	近1000人
2018年3月31日	四川省绵阳站	四川省中心	未统计
2018年3月31日	四川省成都站	四川省中心	近100人
2018年3月25日	深圳福田新田街道华润万家广场	广东省中心	未统计
2018年3月24日	深圳市观澜新田社区科发工业区	广东省中心	100余人
2018年4月2—3日	青海省西宁站	青海省全民健身操舞协会	66名领队
2018年3月19日	湖北省武汉站	湖北省中心	100余人
2018年3月23日	深圳市新田公园	广东省中心	未统计
2018年4月1日	江苏省宿迁站	江苏省中心	300余人
2018年3月23日	深圳龙华景龙社区站	广东省中心	100余人
2018年3月28日	江苏省镇江站	江苏省中心	未统计
2018年3月17日	珠海香洲体育中心西门广场站	广东省中心	150余人
2018年3月10日	珠海斗门时代倾城篮球馆站	广东省中心	未统计
2018年3月11日	广州市中信广场站	广东省中心	40余名骨干
2018年3月4日	广州市天河公园站	广东省中心	30余名骨干
2018年3月10日	山东省济南站	山东省中心	240余人
2018年3月9日	太原站	山西省健美健美操协会广场舞分会	100余人
2018年3月4日	山西省杏花村站		100余人

（四）主体合作性的体操类项目管理体制

合作是各个子系统协同生产和发展的内在基础，决定着系统的有序结构。

合作是个体和群体为实现共同目标而相互工作的一种共同行动和方式。成功合作的基本条件是：一是目标一致。任何合作都应该有一个共同的目标，至少在短期内是这样；二是统一认识和规范。合作方对共同目标、实现方式、具体步骤等的理解基本一致；在共同行动中，合作方必须遵守共同认可的社会规范和群体规范；三是互信合作的氛围。营造相互理解、相互信任、相互支持的良好氛围，是开展有效合作的重要条件。四是有一定的物质基础，有利于合作的生存和发展。体操类项目组织主体的合作包括部门与部门之间、组织与组织之间的协同合作，形成了教育行政部门、体育行政部门、体育社团组织，以及相关企事业单位的协同与合作，既有纵向的层级式合作，也有横向的互惠型合作。

体操类运动项目的组织管理也形成了双轨的发展与管理模式（图3–1）。一是教育系统线，在我国，通常运动项目的推广与普及率先在学校开展，学校体育工作的情况对运动项目的发展具有重要的影响，因而加强对学校体育的管理有助于各运动项目在学校的发展。教育系统线的管理主体包括教育部、省市教育厅或教育局，以及其辖设的中国学生体育协会、两操协会、学生体育竞赛组织机构等。二是体育系统线，包括国家体育总局及其设置的运动管理中心，各省市体育局及其运动管理中心与相应的运动协会，如健美操协会、中国蹦床与技巧协会等。国家体育总局或各省市体育局下设的运动管理中心，通常负责一个或几个项目的管理，并且具有一定的独立性。

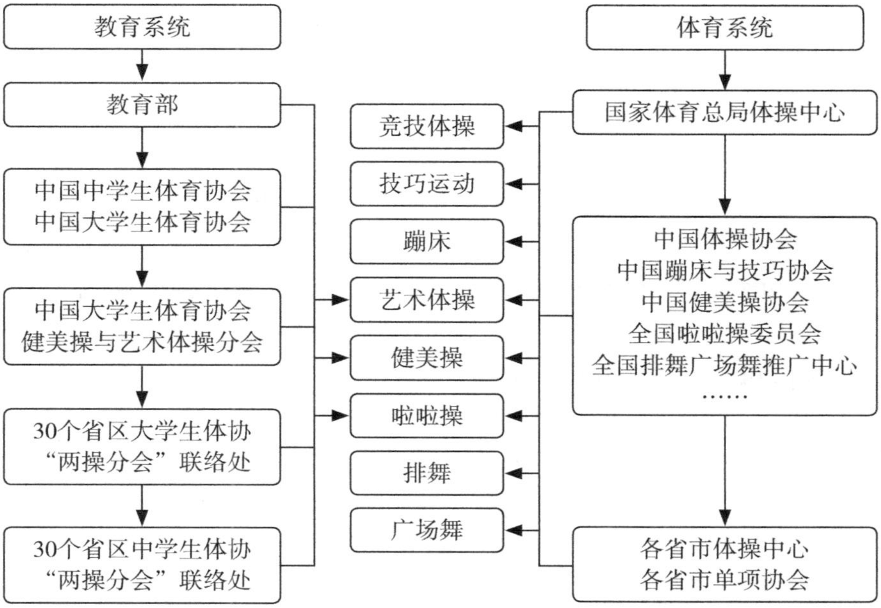

图3–1　体操类项目的管理模式

从图3-1可知，我国体操类项目的推广普及，赛事组织等的发展，是在体育、教育行政部门的主导下，由各社团或协会自主组织与发展，形成了官方与社团合作的发展与推广模式。主要包括中国体操协会、健美操协会、全国啦啦操委员会、全国排舞广场舞推广中心，以及教育部管理的中国大学生体育协会健美操与艺术体操分会等社会组织。其合作的方式主要包括两种类型（表3-10）：一是纵向的上下级合作，体操中心、体操协会与省市体操中心与单项协会的合作，如共同主办赛事、组织培训等；二是横向的合作，即教育部门与体育部门之间的合作，或下设协会之间的合作，如教育局、体育局合作举办学生健美操、啦啦操等比赛。

表3-10　2015—2019年全国健美操、啦啦操、排舞、广场舞赛事的主办单位

序号	比赛名称	主办单位	合作类型
1	全国健美操联赛（上海站、烟台站、珠海站、保定站等）	体操中心 中国健美操协会	
2	全国健美操锦标赛	体操中心 中国健美操协会	
3	全国健美操冠军赛	体操中心 中国健美操协会	
4	全国全民健身操舞大赛	体操中心 中国健美操协会	纵向合作
5	中国大学生健美操锦标赛	中国大学生体育协会 两操分会	
6	中国中学生健美操锦标赛	中国中学生体育协会 两操分会	
7	中国高等职业院校健美操比赛	中国大学生体育协会 中国大学生体育协会职业教育学校体育工作委员会	
8	全国啦啦操联赛（郑州站、南昌站、北京站、东海站、成都站、新疆站、沈阳站、淮南站、徐州站、南宁站、福州站、厦门站、长沙站等）	体操中心 中国大学生体育协会 中国中学生体育协会	横向合作
9	全国啦啦操锦标赛	体操中心 中国大学生体育协会 中国中学生体育协会	

（续表）

序号	比赛名称	主办单位	合作类型
10	全国啦啦操冠军赛	体操中心 中国大学生体育协会 中国中学生体育协会	横向合作
11	中国（南京）啦啦操公开赛	体操中心 南京市人民政府	
12	全国啦啦操联赛总决赛暨中国啦啦之星争霸赛总决赛	体操中心 中国大学生体育协会 中国中学生体育协会	
13	舞动中国排舞联赛（邵阳站、北京站、四川成都站、福建站、青海西宁站、广东站、山东站、重庆站等）	体操中心 全国排舞广场舞推广中心	
14	舞动中国–排舞联赛总决赛	体操中心 杭州市体育局 滨江区人民政府	
15	“舞动中国”全国广场舞联赛（湖北武汉站、广东站、重庆站、青海西宁站、昆山站、山东赛区、云南赛区、福建赛区等）	体操中心 全国排舞广场舞推广中心	
16	“舞动中国”全国广场舞锦标赛	体操中心 全国排舞广场舞推广中心	
17	全国中老年广场舞大赛	体操中心 中国老年人体育协会	

注：数据来源于各赛事秩序册。

三、体操类项目协同发展的动因机理

（一）健康中国与体育强国战略的宏观推动

2016年10月26日，《“健康中国2030”规划纲要》指出，共建共享是建设健康中国的基本路径。从供给侧和需求侧协调社会、行业和个人三个层面，形成维护和促进健康的强大力量。要促进全社会广泛参与，加强跨部门合作，深化军民融合发展，调动社会力量的积极性和创造性。国务院办公厅于2019年发布的《体育强国健身纲要》指出，要不断提升发展的质量与效益，形成以人为本、改革创新、依法治体与协同联动的机制，通过发挥举国体质与市场机制的合理作用，促进全民健身与全民健康的深度融合，不断满足人民健康幸福生活的新追求。

健康中国与体育强国战略的推进，促进了学校体育、体育产业与休闲体育的新发展。在学校体育方面，青少年是祖国的未来，健康中国首先要从青少年健康着手，学校体育任重而道远。2016年，国家体育总局制定了《青少年体育"十三五"规划》，同时教育部重点扶持足球、武术、田径、游泳、篮球、排球和体操七个项目进校园的实施，青少年体育已成为体育行政部门和教育行政部门高度关注的课题，体育高考已成为学校体育的重要组成部分。它为学校体育的发展注入了新的活力，为健康中国、全民健身及体育强国的建设打下了坚实的基础。

体育产业方面，2016年5月国家体育总局颁发了《体育产业发展"十三五"规划》，其主要目标包括：进一步加强体育领域的改革与发展。大力发展体育产业，不断吸纳社会资本、企业等参与全民健身产业以及相关体育产业，把体育产业建设成为绿色产业和朝阳产业，通过健全的运作和有效的措施，实现体育产业与体育事业的良性互动，实现体育产业的规范健康发展，构建新时期的健康中国奠定基础[①]。休闲体育方面，它成了刺激体育消费、拉动经济增长的新引擎；是加强社会治理、提升政治文明的稳定器；是提高人口质量、促进健康发展的动力源；是改变生活方式、承接健身战略的新手段及融入城乡规划、建设生态文明的推动者[②]。

休闲体育方面，全面健身计划作为我国群众体育事业发展的重大决策，1995年6月，国务院首次颁布了《全民健身计划纲要（1995—2010年）》，自此以后，它成为我国20世纪末到21世纪初群众体育事业发展的重要纲领性文件。首次实施的《全面健身计划》主要目标是促进体育事业与社会事业和国民经济的协同发展[③]。随后，《全民健身计划（2011—2015年）》的目标更加具

①姜霞. 健康中国——体育义不容辞的责任［N］. 中国体育报，2016-12-23.

②陈德旭，彭国强. 全面建成小康社会进程中休闲体育发展的角色定位［J］. 成都体育学院学报，2017，43（1）：8-13.

③国务院. 全民健身计划纲要（1995—2010年）［Z］. 1995.6.20.

体，主要包括结合我国国情，形成以科学发展观为指导思想，保障全民健身的公益性，构建完善的全民健身公共服务体系，以及保障公民参与全民健身的权利，实现全民健身在竞技体育中的协调发展，拓展群众体育的基础，丰富人们的闲暇体育生活，促进人的自由全面发展和社会全面进步，为体育强国的发展和建设奠定基础①。

在国家大力推进健康中国与体育强国的大背景下，体操类项目的发展也受到了高度的重视。首先，在竞技体操方面，如何继续保持体操强国的地位，加大竞技体操的后备人才培养，是竞技体操事业发展的重要课题；其次，大力发展广场舞、啦啦操、排舞、健身操等群众喜闻乐见的体操类运动项目，使其逐渐融入全民健身，助力人们的健康与幸福生活，也是体操类运动发展的新方向。同时，体操进校园也是体操发展的重要组成部分，成为扩大体操参与人口的基础工程，助力青少年的健康成长。

（二）体操人才培养与体操普及的微观诉求

自我国竞技体操运动的后备人才打破传统的“三级训练网络”的结构后，出现了断层和被社会冷落的状态。2008年奥运会之后，中国竞技体操后备人才捉襟见肘，被抽离了最底层基础模块的中国竞技体操的宝塔，正面临着摇摇欲坠的垮塌危机。我国竞技体操总体滑坡早已是不争的事实：运动队伍减少，参加训练人数萎缩。2003年4月，一份国家体操运动管理中心权威发布的报告明确指出：“我国已有24个省、市、自治区开展竞技体操项目，其中优秀运动员总数为527人，业余体操运动员近7000人，与1978年统计相比，开展竞技体操项目的省、市、自治区减少了6个，优秀体操运动员减少近300人，业余体操运动员减少了近1000人。”②2008年北京奥运会后的中国体操锦标赛、冠军赛和青少年比赛，真实地反映了体操后备人才的贫瘠状态。在各省市和全国少年比赛中，经常发生运动员人数没有裁判员多、各组别单项比赛的运动员报名人数常常不够6人的现象，尤其在男女甲组单项比赛中这种状况更突出，往往只有2～3人报名比赛。

为了使我国的竞技体操能够持续保持较高的水平，需要逐步推进大众性体

①国务院. 全民健身计划（2011—2015年）［Z］. 2011.2.15.

②李贵庆，王岗，等. 对我国竞技体操保持长盛不衰的理性思考［J］. 北京体育大学学报，2017，40（10）：30–38.

操的发展、实现体操人才培养与推广普及的相互衔接与促进。倡导体操类项目重回学校，推进其社会化与产业化发展的呼声不断，而且受到了党和国家的高度重视，成为国家战略的重要组成部分。近年来，国务院、国家体育总局等部门相继出台了系列文件，助推体育事业的发展（表3-11），大部分文件都涉及体操类项目的发展，如竞技性体操、健身操舞、广场舞等。由此，体操类项目的发展受到了教育部门、体育部门与行业协会的高度重视，并根据国家政策的颁布与实施采取了系列行动。

表3-11　党的十八大以来国家和相关部门颁布的体育事业发展文件（部分）

序号	文件名（文件号）	发布部门	发布日期
1	关于加快发展体育产业 促进体育消费的若干意见（国发〔2014〕46号）	国务院	2014.10
2	关于强化学校体育促进学生身心健康全面发展的意见（国办发〔2016〕27号）	国务院办公厅	2016.05
3	全民健身计划（2016—2020年）（国发〔2016〕37号）	国务院	2016.06
4	“健康中国2030”规划纲要	国务院	2016.10
5	关于加快发展健身休闲产业的指导意见（国办发〔2016〕77号）	国务院办公厅	2016.10
6	关于进一步扩大旅游文化体育健康养老教育培训等领域消费的意见（国办发〔2016〕85号）	国务院办公厅	2016.11
7	体育发展“十三五”规划	国家体育总局	2016.05
8	青少年体育“十三五”规划	国家体育总局	2016.09
9	健康中国行动（2019—2030年）	健康中国行动推进委员会	2019.07
10	体育强国建设纲要	国务院办公厅	2019.08

一是教育行政部门方面。2015年“两会”期间，教育部列出七项国家重点扶持体育项目，体操是其中之一[①]。2016年5月，国务院发布《关于强化学校体

①姜霞，蒋亚明. 陕西中学生运动会武术套路赛与全国接轨［EB/OL］.［2022-07-13］. https：//www.sport.gov.cn/n20001280/n20745751/n20767274/c22063757/content.html.

育促进学生身心健康全面发展的意见》（国办发〔2016〕27号），提出要积极推进体操等基础性项目建设，逐步形成“一校一品”“一校多品”的教学模式①。

二是体育行政部门方面。2013年11月，时任体操中心主任的罗超毅认为，推进体操进校园是有效扩大体操参与人口的重要举措，能为中国体操后备人才培养乃至中国竞技体育后备人员储备打下坚实的基础②。2014年10月，国际体操联合会副主席斯拉瓦·科恩女士建议中国可利用学校体育、社区体育等进行体操的推广与普及，扩大体操后备人才培养的基础③。2016年国务院发布的《全民健身计划（2016—2020年）》，健身操舞成为了其发展的重要内容。在赛事举办方面，由国家体育总局主办的中国体操节，参赛运动员近3万人。

三是行业协会或体育社团方面。2019全国全民健身操舞大赛分站赛与总决赛在全国28个省市举行，参赛人数近10万人。截至2019年，全国超过5万所学校开展了啦啦操活动，每年有近10万学生参加各类啦啦操比赛。2016年，“一起舞吧”全国排舞、广场舞公益活动在全国展开。据初步估算，截至2014年，有近1亿人参加排舞与广场舞活动④。因此，探索体操类项目的推广与普及，逐步扩大体操的参与人口，促进体操类项目的稳步发展，受到了党和国家的高度重视，是全民健身工作开展与竞技体操后备人才培养不可或缺的组成部分。

（三）体操管理制度与资源配置的结构转变

1978年党的十一届三中全会的召开标志着中国改革开放的序幕拉开，经济体制开始由计划经济转变为社会主义市场经济，即进入了经济体制转轨期。社会主义市场经济体制是一种以市场调节为重要手段的经济体制，市场调节则是以市场的供需量调节社会资源配置的主要方式。

随着经济体制的转变，竞技体育的管办方式也发生了转变。现在体操运动管理中心既是“办”体操的业务部门，又是“管”体操的行政管理部门。国家体育总局放权给体操运动管理中心，体操运动管理中心对国家体育总局负责。从体操运动管理中心这个层次来说，国家办体育的权力没有放，而是将行政权

① 国务院. 关于强化学校体育促进学生身心健康全面发展的意见［Z］. 2016.5.

②杨卓越. “大体操”进校园 发挥体操运动综合作用［EB/OL］.［2022-07-20］. https：//www.sport.gov.cn/n20001280/n20745751/n20767277/c21461991/content.html.

③黄志阳. 中国体操该向日美学什么？［N］. 北京日报，2014-10-09.

④杭州两万多人一起跳排舞 将创吉尼斯世界纪录［N］. 都市快报，2014-04-09.

力带进了市场。形象地说，体操运动管理中心是一个混合体或半市场化组织，现在的体操运动管理中心是群项管理中心。协会和中心是机构上相互交叉、目标任务同一的统一体。它们在对运动项目实施管理中各有所侧重。中心主要是通过一定的行政手段完成国家体育总局赋予的管理任务。协会主要是通过民间渠道和各级协会的组织网络对全社会实施运动项目管理。但在实际运行中，体操运动管理中心直接管理体操运动协会。也就是说，体操运动协会对项目的管理仍然是名义上的，实际上是体操运动管理中心所属的业务室对项目实施管理，这种情况必使利益主体边界模糊。

目前，体操运动管理中心的运行是双轨制：一方面，财政拨款；另一方面，通过市场化运作获得一定收益。体操运动管理中心把体育推向市场运作，这是适应社会主义市场经济的措施。这一举措极大地推动了体操类项目的发展，尤其是大众性体操项目的发展，譬如健美操、啦啦操、排舞和广场舞的发展。以全国健美操啦啦操联赛总决赛、全国健美操啦啦操冠军赛和全国健美操啦啦操锦标赛三大赛事为例（表3-12），采用的是政府主导、企业主体、社会参与、市场运行的多元化模式来推进大众性体操项目的发展。竞技性体操项目则仍然实行举国体制，只是完善了计划经济时期政府统包统揽的一元化体制，采用了政府主导、企业参与、社会支持的运行模式，即竞技性体操项目的运作向多元方向发展。

表3-12 全国健美操、啦啦操三大赛事市场运作情况一览表

赛事	锦标赛	联赛总决赛	冠军赛
经费来源	政策引导、少量行政拨款、企业赞助、参赛费、参赛纪念品等		
运作模式	政府主导、企业主体、社会参与、市场运行		

（四）体操治理主体与参与主体的利益驱动

组织主体与参与主体是助推体操类项目发展的基础条件。首先，组织主体是指推动体操类项目协同发展的组织机构，通常主要有三类，分别是政府组织、体育社团（协会）和企业组织。体操类协会组织是体操类项目协同发展的催化剂和保障条件。政府组织、体育社团、企业组织对体操类项目发展的影响各不相同。影响体操类项目发展的三个主要治理主体，各自的利益需求不同，对体操类项目发展的影响程度也不相同：政府是主导性力量，可通过政府的政策法规来调控；企业组织是体育产品项目的利益主体；项目协会（社会组织）

是推动体操类项目发展的重要主体，其利益也应在体操类项目发展过程中得到体现（图3–2）。

图3–2显示，体操类项目的发展与三个利益主体有关，政府、协会和企业三力合一不断推动体操类项目的协同发展。竞技性体操与大众性体操的子系统是不同的，但均存在着协同作用，在项目协会的调节下从无序状态形成系统有序结构并产生内驱力，扩大协同效应，推动体操类项目整体的发展。

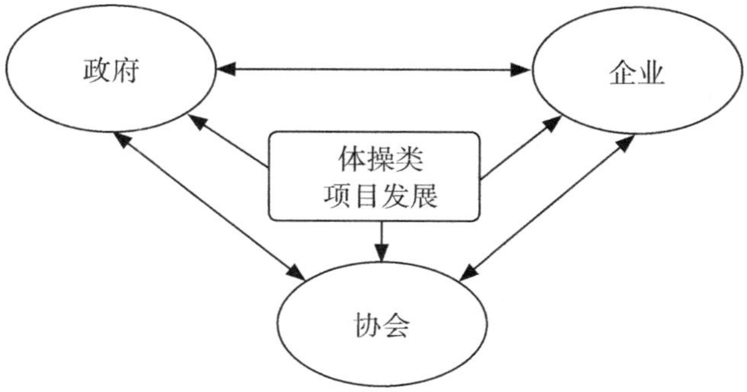

图3–2　体操类项目协同发展的利益相关者

体操类项目发展的核心是人，归根到底是促进人的发展。体操类项目发展的集中表现为竞赛，参与竞赛的人包括竞赛组织者、参赛者、裁判员、后勤人员和观众，其中参赛者是核心。参赛者是体操项目竞技的核心，依据项目特点参赛者有个人、双人或集体。从我国体操类项目发展的历程可以看出，无论是竞技性体操项目还是大众性体操项目，参赛的人数均有不同程度的增长，大众性体操项目参赛人数的增长尤为突出。参赛人数的增多与很多因素有关，如改革开放以来人们思想的解放、价值观的更新等。

经济发展与人民生活水平的提高，不仅使人们的物质文化生活更加富足，还深刻影响着人们的生活方式与身心需求。人们从单一地追求物质文化，逐渐上升到追求精神文化。因此，近年来以丰富精神文化生活为主的休闲娱乐活动与体育健身产业获得了较快的发展。

基于上述分析，体育运动自然而然地成为人们首选的生活方式。现代体操项目都是“舶来品”，健美操是20世纪80年代引入我国的，啦啦操和排舞是2002年引入我国的，还有后来的广场舞，这些都是时尚运动。时尚运动是人们在闲暇时间进行的一种非功利性活动，它以身体活动为手段，人们积极参与，追求身心愉悦，不求任何回报。大众性体操项目的健身性、娱乐性和休闲性被社会认同、接受和践行，促进了项目的发展。

四、体操类项目协同发展的现实困境

（一）竞技性体操发展的时代冲突

1. 学校体育价值观念转变与学校竞技体操教育的弱化

学校竞技体操教育是体操后备人才培养的基础性工程，学校是体操项目赖以生存和发展的重要环境。2000年以前，体操项目在我国中小学体育课中占有重要地位，主要包括基本体操、技巧、支撑跳跃和单双杠等，以竞技体操基础动作为主[①]。随着21世纪初我国基础教育课程的改革，在“终身体育”“快乐体育”“健康第一”等众多新的学校体育理念、目标的牵引下，将具有“技术难度大”“安全隐患多”的学校体操教育推到了有名无实的边缘。竞技性体操在中小学体育教学中的地位显著下降，被严重“边缘化”，逐渐从许多中小学的体育课堂中消失，余下的只有技巧、基本体操或健美操、啦啦操等内容，而与竞技性体操密切相关的单杠、双杠、跳马等器械体操几乎无人问津。在2001年进行的一项学校体育调查中发现，30.5%的初中生和高中生学习过双杠，44.4%的学生学习过跳箱和跳马，而在20世纪50年代和60年代，100%的学生学习过双杠，86%和100%的学生学习过跳箱和跳马[②]。此外，我国体操管理部门长期以来注重奥运夺牌，忽视竞技体操在学校和社会的普及，未能充分发挥和利用体操的教育、社会和健身功能，学校竞技体操几乎销声匿迹，群众体操活动处于停滞状态，体操发展环境受到严重破坏[③]。

2. 市场化与社会化滞后，制约了竞技体操的长远发展

计划经济时代国家的投入基本能满足竞技体操项目发展所需，这导致体操主管部门推进市场化运作的积极性较小，“等”“靠”“要”思想严重。而随着社会的转型，体操项目原有的生存方式已越来越难以适应市场经济的发展，

①吴维铭. 体操在我国中小学体育中的地位及历史演变研究——兼论《体育（与健康）课程标准》下体操内容体系的构建［D］. 北京：北京体育大学，2006：46-47.

②王锦芳. 中小学体操教学的忧虑与对策研究［J］. 浙江师范大学学报：社会科学，2001，26（6）：117-118.

③刘智丽，刘青. 我国竞技体操面临的现实困境与突破路径探析［J］. 南京体育学院学报，2016，30（2）：98-102.

严重制约我国体操项目的普及与提高。当前，我国竞技体操市场的开发还处于初始阶段，尚未建立系统的开发机制、完善的运营体系及市场化的管理体系。纯粹的专业化训练、封闭的管理方式，以及缺乏项目宣传和有效的营销手段，导致竞技体操培训市场很难扩大。竞技体操是非职业化的项目，我国每年举办的成人体操赛事只有全国体操锦标赛与全国体操冠军赛两项，青少年的赛事也仅有全国青年体操锦标赛和全国少儿体操锦标赛。以上赛事商业价值相对较低，企业赞助和冠名很少，从市场开发方面所得的经费十分有限，无法覆盖赛事经费，更不能创造收益[①]。

竞技体操赛事贫乏制约着体操社会化发展。体操赛事的社会化发展对不同项目的社会化交流有着直接而深远的影响。在现行的体育竞赛制度下，竞技体操比赛由政府主办。按照传统的体育竞赛管理制度，竞技体操赛事在数量上没有明显的劣势，如年度全国锦标赛、锦标赛、青少年比赛和少数邀请赛。但是，在当前体育赛事社会化进程中，竞技体操赛事的数量和水平与其他项目相比，有着明显的差距和劣势。与此相关的是赛事宣传报道、赛场观众稀缺，这也是近年来我国竞技体操赛事面临的最大障碍。

3. 新兴体育项目的兴起，冲击了竞技性体操的发展

新兴体育项目的兴起与多元发展冲击了竞技性体操的发展。竞技性体操作为传统的体育项目，在20世纪一直是主打项目，在我国稳步发展。但随着国家改革开放进程的推进，很多新兴事物传入我国，正是在这样的背景下，可供人们选择的运动项目越来越多。竞技体操对于青少年的身体塑造、人格培养等方面的价值和作用也正被健身操、体育舞蹈、啦啦操等项目所替代。在培养体育教育专业人才的体育院校中，选择竞技体操为主修课程的学生也在减少，甚至许多学校也因此停办了体操专业，而选择体育舞蹈、健美操和啦啦操的学生却也在与日俱增。随着体育多元化的推进，以“体验”“娱乐”为特征的体育活动内容不断丰富，这也导致许多传统体育逐渐“边缘化”，其中竞技体操边缘化程度最高。

（二）竞技性体操与大众性体操的失衡

竞技性体操在学校、社会发展的过程中逐渐衰落已成了不争的事实，竞

①陈林会. 体育文化的培育与传承：我国传统优势项目的可持续发展策略［J］. 首都体育学院学报，2014，26（9）：438.

技体操后备人才短缺将面临着更加严峻的考验。竞技性体操的衰落与社会、经济、文化的发展有着紧密的联系。一是伴随人们生活水平的提高，竞技体操中的高难动作，让许多家长与孩子望而却步；二是竞技性体操表现出一定的危险性，如单杠、双杠等动作需要有专业的保护与帮助才能进行练习，而且缺乏保障制度，导致很多学校不愿意教授体操技能；三是体操师资力量短缺，竞技性体操教师需要有良好的专业素养，并经过专业的训练，很多学校都缺乏这样的体操教师，导致体操项目难以开展；四是场地与器材短缺，单杠、双杠、跳马这类体操器材逐渐从学校的体育器材中消失；五是一些项目的兴起，如健美操、啦啦操、体育舞蹈等体操类项目，接受度强、进入门槛低，人们更愿意参加。这些问题导致体操教学逐渐淡出体育教学，从传统的基础项目逐渐变成了“边缘”项目。

在竞技性体操衰落的同时，大众性体操的发展却呈现出了另一番景象，近年发展迅猛，如全民健身操舞、啦啦操、广场舞、排舞等大众性体操项目，各类人群都可以参与。这些体操类运动的风靡有着以下几个方面的原因：一是伴随社会经济的发展、人民生活水平提高，以及全民健身的深入开展，人们的健身意识越来越强，参与健身的人也越来越多，需要更多的易于练习与方便练习的运动项目；二是大众性体操易于开展与接受度强的特点，受到了广大参与者的青睐；三是大众性体操动作更加简单，进入门槛较低，男女老少均可以找到适合自身的项目；四是新兴的大众性体操表现出了较强的娱乐性，音乐、舞蹈动作等成为人们展示自我的有效载体，满足了参与者身心需求。

一方面是竞技性体操的衰落，一方面是大众性体操的兴起，如何平衡这两者之间的关系，保证大众性体操与竞技性体操的均衡发展，成为体操类运动发展进程中亟须思考的现实问题。要转变观念与方式，将竞技性体操与大众性体操的发展相互融合与促进，形成相互支持与帮助的协同发展模式。一方面，使更多的人了解与认识竞技性体操，把竞技性体操从高、精、尖的认识困境中解放出来，使更多的人参与诸如快乐体操、少儿体操等活动；另一方面，在大众性体操中融入竞技性体操的元素，使更多的人通过参与大众体操的活动了解体操类运动的发展，形成相互的支持。因此，竞技性体操与大众性体操的协同发展，要形成一种动态的平衡，尤其是竞技性体操，要根据时代的发展与人们的现实需求适时应变，而不是延续计划经济时代的“等”“靠”“要”思想。要为体操类运动的发展注入更多的活力，在项目的发展上不断社会化与市场化，还要利用体育产业发展的机会，开发各种产业与市场功能，形成自给自足与具有自我调节功能的项目发展机制，逐渐摆脱陈旧观念的束缚，积极适应社会的发展。

（三）管理主体的角色冲突

国家体育总局体操运动管理中心是具有全国体操管理职能的事业单位，是中国体操协会的常设办事机构，负责体操发展各项工作。但是由于体操运动管理中心是总局下设机构，中心与协会同构，体操运动管理中心集行政、事业、协会与企业于一体，从治理方式来看，中心可以行使行政指令权、事业发展权、协会自治权与市场运作权，中心模式治理方式异化，越位与缺位并存。协会受会员委托，首要功能是代表会员的整体利益，为会员向政府争取更多的项目发展资源，中心则代表政府，受政府委托监管会员单位，中心面对政府时代表社会，面对社会时则代表政府，同一主体，双重身份，相互冲突。

中心治理模式对政府资源依赖性较大，政府的竞技体操诉求对于中心具有极强的约束力。对于中心来说，完成政府提出的金牌指标，可以得到更多的财政支持与政策扶助。这样一来，就使协会背离了为会员服务的根本宗旨，也违背了协会独立、自治的基本属性，功能上弱化与异化并存。在奥运战略下，协会养成了“眼睛向下看，围着项目转”的工作思路，以四年一届的奥运会为抓手，强化行政管理，集中配置资源，“奥运争光”成了协会的主要工作目标。此时期内中国队共获得20枚奥运金牌，平均每届奥运会获得近3枚金牌，涌现出很多世界级体操巨星。虽然取得了一定的竞技成绩，但是在这样的思路定位下，不但固化了中心制度利益，阻碍了协会改革进程，同时也大大压缩了协会的自治空间。随着社会的转型，在体育行业逐渐失去优势地位的同时，基层体操治理精英整体性流失，后备人才培养陷入困境，很多体校砍掉体操项目、停止招生，大众对体操认识不够，体操技术的壁垒阻碍大众参与，体操消费缺乏引导，更谈不上市场的培育与发展，体操项目基础性工作严重滞后，从根本上制约了自身的发展。

五、小结

健康中国、全民健身战略与体育强国建设的稳步推进，需要各运动项目在竞技性与大众性方面实现协同合作与共同发展。我国体操类项目协同发展表现为组织主体协同助推大众体操发展，打造联动性的赛事活动平台、互助式的推广普及模式，以及主体合作性的项目管理体制。其机理为健康中国与体育强国战略的宏观推动、体操人才培养与体操普及的微观诉求、体操管理制度与资源配置的结构转变、体操治理主体与参与主体的利益驱动。面临的现实困境包括：一是竞技体操发展与时代发展冲突，表现为教育观念转变、安全隐患的顾虑、技术难度大，以及社会化与市场化滞后等；二是竞技体操与大众体操发展的失衡，即竞技体操衰落，大众体操兴起；三是管理主体的角色冲突，导致体操类项目的异化发展，表现为一味追求竞技体操争金夺银，忽视了大众性体操的推广普及，从而影响了体操类项目的市场培育与社会化发展。

第四章　理论构想：我国体操类项目协同发展的理性思考

一、我国体操类项目协同发展的基本原则

（一）兴强扶弱——促进均衡发展

经济学理论认为，均衡发展是指事物之间的相互制约与支持，具体表现为在事物发展的过程中，人力、物力、财力与智力等的统筹安排与协调。我国体操的发展呈现两种态势：一是竞技性体操的发展遭遇瓶颈，参与的人越来越少，后备人才严重短缺，受关注度与参与程度逐渐弱化。尽管我国竞技性体操在争金夺银方面一直保持着较强的实力，但是在后备人才培养方面则面临着严峻的形势；二是大众性体操蓬勃发展，如啦啦操、排舞、广场舞等项目的发展非常迅速，学校、社区、企业等均可见到大众性体操的身影，促进了全民健康，成为体操发展的优势项目。与此同时，伴随体操进校园，大众性体操成为各级各类学校大课间活动、校园体育文化的重要组成部分。可见，竞技性体操发展逐渐被边缘化，大众性体操发展开始受到各类人群的青睐。因此，如何兴强扶弱、促进体操运动的均衡发展，成为解决体操发展面临的现实问题的重要举措。

体操类运动的均衡发展主要是指竞技性体操与大众性体操的均衡发展，需要相关的人力、物力、财力与智力等的统筹安排与协调。为促进体操类运动的均衡发展，“兴强扶弱”是当下需要解决的关键问题。“兴强”即继续保持大众性体操的全面发展，扩大大众性体操的影响力，让更多的人参与到体操运动中来，更加深刻地认识与了解体操，将社会对体操的认知从“高难”的印象中解放出来，逐步扩大体操的参与面。“扶弱”即逐步发展弱化了的竞技性体操。竞技性体操作为我国体操发展的重要组成部分，一直是我国奥运争金夺银的优势项目，而且得到了国家的高度重视与大力支持。在后备人才培养等基础性工程所面临的困境中，要逐步发挥大众性体操与竞技性体操各自的优势，促

进体操运动的均衡发展。这种均衡发展表现为优势项目要继续扩大影响力，成为发展的特色，而弱势项目要借助优势项目的影响力，以及结合自身的情况进行不断地反哺与扶持，形成强者更强而弱者逐步变强的共同发展态势。因此，兴强扶弱式的均衡发展，是相互支持的发展，而不是制约式的发展，即通过发挥强者的优势带动弱者的进步，实现共同的进步与发展，最后促进体操类运动的全面发展与普及。

（二）项目互动——优化资源利用

从前面的研究可以发现，体操类运动主要分为两类：一类是竞技性体操，另一类是大众性体操，因此体操类运动项目也较为多元化。竞技性体操方面，包括竞技体操（男子：自由体操、双杠、单杠、鞍马、吊环、跳马；女子：平衡木、自由体操、高低杠、跳马）、蹦床、技巧等表现竞技性特点的体操运动；大众性体操方面，包括啦啦操、健美操、广场舞、排舞、街舞、团体操、广播体操等。体操类运动项目的特点为身体运动的本体性、动作内容的丰富性，以及动作表现的艺术性与节奏性。因此，无论是竞技性体操还是大众性体操，其动作结构都以展示肢体本身的美为主要目的，具有相同的基本属性，在动作的技能结构、发展特点等方面有较好的类通性。它们在塑造身体的形态、发展人的柔韧、协调、灵敏、力量等身体素质方面均具有重要作用，尤其在塑造人的形体、发展柔韧与协调等方面有重要价值。为此，充分发挥体操类运动各项目的作用，形成项目资源的优势互补利用，对促进体操类运动的协调发展具有重要的现实意义。它是实现体操类运动均衡发展、保障体操类运动相互支持与促进，以及优化体操资源利用的客观要求。

体操类运动项目之间的互动是一种多样的互动：一是项目本身的互动，即项目之间的发展相互支持与互助，如体操在发展人的形态、协调、平衡、力量等身体素质方面具有的共同性，在基础练习与训练阶段，可以通过基本动作的学习与练习，全面发展人的身体素质，进而能为各类体操人才的培养奠定基础；二是体操类运动竞赛与表演活动的互动，这种互动主要是通过竞赛与表演的同场进行，相互促进而扩大影响力，目前比较典型的赛事或表演活动包括国际上的世界体操节、亚洲体操节，国内的中国体操节、全面健身操舞比赛等，以及省市级的湖南省阳光体操节等。这些比赛或表演活动，把众多的体操类运动赛事聚集在同一个舞台，有效地促进了体操类运动项目之间的互动与相互支持，让观众与参与者更加深刻与全面地认知与了解体操的内涵与发展；三是体操类运动项目推广与普及的互动，体操、快乐体操、啦啦操进校园等的发展，要相互融合与互动，促进资源的优化利用。这种资源的互动主要表现为人力资源、财力资源与物力资源的积极互动，把有限的资源进行优化配置与合理利用，从而促进体操类运动各项目的共同发展，形成一种良性的内部发展环境，以及互助式发展的结构。因此，体操类运动项目间的互动发展，不仅仅是一种形式上的互动，还是结合项目本身的属性、表现形式，以及内涵发展的互动，使各项目在本质上产生联系，在项目之间形成互补与互助，进而实现整体的发展。

（三）主体互支——保障高效发展

布迪厄认为，“任何事物或个人之间的相互关系，都需要某种力的因素来维持与运作”[①]。我国体操类运动的管理方式主要包括两种：第一，是以竞技性体操为代表的“举国体制”。主要由国家体育总局体操运动管理中心与省市体局与体操协会进行管理，是以国家行政管理为主的管理方式。基于这种方式，我国的竞技体操在短时间内取得了较好的成绩。但是这种管理方式社会化、市场化等不足，管理的手段与方式相对单一，项目发展的活力也受到一定的限制，进而导致体操后备人才不足，以及市场化与社会化发展难以深入；第二，是以大众性体操为代表的协会管理体制。比较典型的项目包括啦啦操、排舞、广场舞、健美操等，这些运动主要由各协会（如全国啦啦操委员会，全国排舞、广场舞推广委员会）通过市场化或社会化的路径，在体操运动管理中心的领导下自主发展。这种管理与运作模式取得了较好的效果，促进了啦啦操、排舞与广场舞等项目在校园、社区、企业中的迅速发展。但是这种管理方式也存在一定的问题，主要表现为：一是市场的无序，如会出现恶性竞争，注重效益、不求质量等问题，造成了虽然参与的面在逐步扩大，但运动水平与技能提高明显不足的局面；二是政策导向的助力不足，在推广与普及的过程中遇到的阻力相对增加；此外，资金的缺乏也是一个问题。

体操类运动的管理主体作为这一特定场域内的行动者与价值追求者，各主体之间的相互关系均维系于各主体的生存心态，即各主体拥有的实际能力与社会关系网络资源。体操类运动的管理主体包括政府部门（国家体育总局、省市体育局，或者教育部与省市教育行政部门）、体育社团组织（如全国啦啦操委

①郑剑. 社会资本论［D］. 武汉：华中科技大学，2011：69-90.

员会、排舞、广场舞推广委员会）等（图4-1）。这两类机构分别具有不同的性质与职能。政府部门的权威性、导向性会给体操类运动的发展带来较好的政策优势，能为体操类运动的发展提供较好的政策环境与发展导向。体育社团组织的社会性，在助推体操类运动的社会化与市场化发展中具有较强的灵活性，是促进体操类运动走向社会与市场的重要纽带与桥梁。因此，在助推体操类运动发展的过程中要充分发挥各主体的优势，既要发挥政府部门的导向机制，推动体操类运动发展以及规范其管理，又要运用体育社团组织的灵动机制，使社会化与市场化发展的具体实施更灵活，结合政策优势与市场机制，才能积极推动体操类运动的协调与高效发展。

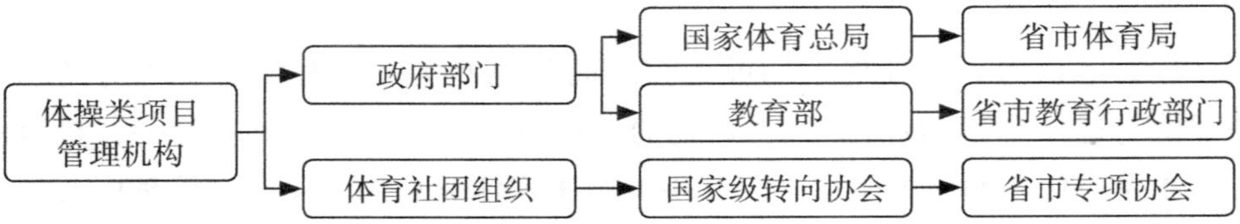

图4-1 体操类项目管理机构

二、我国体操类项目协同发展的主要依据

（一）体操类项目动作内容属性的同质性

广义的“体操”是所有体操项目的总称，包括竞技性体操与大众性体操。竞技性体操是以在体操比赛中获得胜利与取得优异成绩、争夺奖牌为主要目的的一类体操，受众主要是体操精英，包括现代奥运会所设的体操项目，如竞技体操、艺术体操与蹦床，以及竞技健美操、技巧运动等非奥运项目。大众性体操主要是人民群众为了强身健体、休闲娱乐而进行的体操类项目，主要目的是强身健体与塑造良好身体姿态，受众主要是广大的人民群众，主要包括基本体操、健身健美操、啦啦操、排舞、广场舞、街舞、团体操等。无论是竞技性体操还是大众性体操，均是结合身体或身体的一部分，按照一定原则、规则或次序来组织或排列的动作。其动作编排的原则、规则或次序，以及技能性，均是以发展美与展示美为基本理念，如健身中的美化身心、表演中的艺术美等。

1. 竞技体操

竞技体操包括男子竞技体操与女子竞技体操，男子竞技体操包括双杠、单杠、跳马、吊环、鞍马、自由体操6项，女子竞技体操包括自由体操、跳马、高低杠与平衡木4项。近30年来，中国男子体操和女子体操发展迅速，在团体项目和个人项目上都有突破。中国男子体操队获得了2000年奥运会、2008年奥运会和2012年奥运会的团体冠军，并夺得了第30届、第31届、第33届、第37届、第39届和第40届世界体操锦标赛团体冠军（不是每届比赛都设置了团体项目）。2000年以后，我国竞技体操运动在国际上一直保持着优势地位，长期占据着前三名的位置，涌现出大批优秀运动员，如李小双、李宁、李小鹏、杨威、邹凯等。在1984年奥运会上马燕红为中国体操队获得首枚女子体操单项金牌。在2006年第39届世界体操锦标赛上，中国女子体操队第一次获得了团体金牌，2008年北京奥运会上首次获得奥运会女子团体金牌。此外，获平衡木金牌两次（2000年、2012年）、高低杠金牌三次（1984年、1992年、2008年）。但是，在2016年里约奥运会上，世界竞技体操的格局发生重大变化，中国的10名运动员中仅张成龙一人参加过奥运会，而在这届奥运会中，中国体操队仅获得两枚团体铜牌。

2. 艺术体操

艺术体操的参赛者主要是女性，于20世纪50年代传入我国，是奥运会与亚运会的重要比赛项目。艺术体操的比赛包括个人单项赛、个人全能赛与团体赛。艺术体操是在音乐伴奏下进行，动作富有艺术性，动作主要由舞蹈、平衡、跳跃与波浪，以及部分技巧动作组成。艺术体操的项目有5个，分别为绳操、圈操、球操、棒操与带操，它的内容吸收多种舞蹈动作的精华，如现代舞、芭蕾舞、民间舞与杂技等，这一运动能够很好地提升参与运动员的力量、灵巧与节奏等身体素质，从其表现形式与练习要求等特点来看，艺术体操更适合女性参与，而且也深受女性的喜爱。

艺术体操起源于19世纪末20世纪初。瑞士日内瓦的雅克·达尔克罗兹于20世纪初创编了韵律体操，真正将身体练习与音乐结合了起来，并将其逐渐由徒手练习发展至器械练习。艺术体操被列为奥运会比赛项目的时间为1984年。就目前而言，艺术体操的正式比赛项目有5种，分别为绳、圈、球、棒、带，在时间、场地、人数等方面均有详细的规定。此外，在自选动作中，针对动作的难度、类型与数量有具体的要求及相应的竞赛规则，裁判员根据竞赛规则的要求及成套动作的编排与完成情况进行评分。艺术体操比赛要想取得优异的成绩，在动作编排与完成的过程中必须尽可能地满足以下条件：一是要完成高难度的动作技巧；二是编排的新颖与独特；三是完成动作的高质量；四是动作与音乐的完美融合；五是运动员的表现力十分优秀。比赛项目分为团体赛、个人全能赛与个人单项赛。世界级比赛包括奥运会、世界锦标赛等；国内比赛包括全运会、全国锦标赛等。

3. 技巧运动

技巧运动是以翻腾、平衡、抛接等技术动作为主的运动，要求在此基础上完成一定造型的体育竞赛项目，一般设有7个比赛项目。技巧比赛中除了女子单人、男子单人与男子4人第一套动作外，大部分项目都伴有音乐。技巧运动成为奥运会项目是在1932年在美国洛杉矶举行的第10届奥运会上。国际技巧委员会于1973年成立，并于1974年在苏联举办了第1届世界技巧锦标赛。随后，在双数年举办世界技巧锦标赛，在单数年则举办世界杯技巧比赛，这也是技巧项目的另一重大世界级比赛。我国第1届全国技巧表演赛于1956年举办，自此以后，每年都会举办全国性的技巧比赛。1978年是技巧比赛发展的转折点，从这一年开始增加了女子3人项目，并且每年举办两次全国性的技巧比赛。目前，我国的技巧赛事与国际比赛实现了完全的接轨，技巧运动水平也达到了世界先进水平，包括动作的编排与难度动作的创新，以及动作的完成质量等方面都取得了较好的成绩。技巧比赛的类型包括单套比赛、全能比赛与团体赛。通常在大型的技巧比赛中只进行自选动作的比赛，比赛中只有一次试做的机会。

4. 健美操

健美操是一项集体操、舞蹈、音乐、娱乐于一体的体育项目。健美操运动是需要持续一定时间的中低强度的有氧运动，其练习的价值主要包括锻炼心肺功能与提高有氧耐力素质。健美操包括竞技健美操与大众健美操。竞技健美操是以比赛为目的，即根据竞技健美操的规则与要求进行编排、训练与组织比赛，提升运动员的竞技能力。健身健美操的目的在于增进人们的健康，具有很强的普及性，适合大部分年龄阶段的人。竞技健美操的成套动作配有音乐，以及需要完成许多高难度的动作，表现的是运动员连续完成高难度动作与表演的能力。成套动作的编排需要有一定的创新性，且动作、音乐与表现完美地融合。竞技健美操的比赛项目包括男子单人操、女子单人操、混合双人操、三人操、五人操、有氧舞蹈与有氧踏板等。健美操的国际赛事包括健美操世界杯赛、世界健美操冠军赛与世界健美操锦标赛等。健身健美操的目的是增进人们的身心健康，为不同的人群提供健身的内容，适合所有年龄层次的人。健身健美操的编排一般较为简单，音乐的节奏较慢，成套动作的时长也不相同。

5. 啦啦操

啦啦操最初起源于美国，至今已经有100多年的历史，主要发端于美国的NBA、橄榄球、游泳、田径、棒球与摔跤等比赛现场。啦啦操最初是为橄榄球运动队呐喊助威，发展到现在已经成了一个独立的运动项目。啦啦操是一项团队运动，它是在音乐或口号的衬托下，借助道具、标语等手段，徒手或手持轻器械表演舞蹈或技巧动作，在表演的过程中积极展示各种具有强烈鼓动性与感染性的动作。啦啦操团队活力与时尚的特征受到了广大群众尤其是青少年群体的喜爱。啦啦操包括技巧啦啦操与舞蹈啦啦操，其中技巧啦啦操又包括双人技巧啦啦操、小团体技巧啦啦操与集体技巧啦啦操。舞蹈啦啦操分为集体舞蹈啦啦操（集体花球啦啦操、集体爵士啦啦操、集体街舞啦啦操、集体自由舞蹈啦啦操）与双人舞蹈啦啦操（双人花球啦啦操、双人爵士啦啦操、双人街舞啦啦操）。现在，全世界已经有100多个国家和地区广泛开展了啦啦操运动，每年参加啦啦操运动的人数超过了2000万。自2001年起，国际啦啦操联合会开始举办世界啦啦操锦标赛，形成了广泛的影响力。啦啦操运动于2002年引入我国，在大中小学校得到广泛开展，并受到了广大学生的青睐，如今已经成为校园体育活动的重要组成部分。2013年举办了全国啦啦操联赛分站赛17站，其中参加比赛的学校多达2000余所，参赛的运动员多达3.5万人，成为发展最快的赛事之一。2015—2016年，全国啦啦操联赛分站赛共计举办20余站，参赛人数累计5万余人。

6. 排舞

排舞的英文名为“line dance”，是国际舞蹈的一个重要分支。顾名思义，排舞就是练习者成排地跳舞。排舞于20世纪70年代起源于美国的西部乡村，它的形式多种多样，内容也十分丰富，可以是集体舞蹈，也可以是个人独自舞蹈。经过40多年的发展，排舞已经风靡世界，全球的排舞练习者与爱好者数以亿计，与排舞相关的协会、俱乐部与工作室众多。随着经济的发展，以及时尚文化的深入，排舞越来越受到大众的欢迎，这也使排舞融入了多元的国际元素与时尚的舞蹈元素，越来越趋于现代化的发展。排舞的不断创新与发展，以及民族元素与文化元素的融入，使之获得了持续发展的魅力与生命。我国在2002年引入了排舞，排舞在短时间内成为许多群众喜爱的运动。排舞练习的门槛较低，适合各个年龄层次的人群，即使没有舞蹈基础也能参加排舞的学习与练习。现在排舞形成了许多舞曲，初步统计有300余个，在各种舞曲中有不同的舞步、舞蹈类型与风格，每个舞曲都有精心设计的动作。排舞的编排通常根据不同年龄与性别人群的特征设计适合各类人群的成套动作，形成科学的运动量与运动强度。例如，热情奔放的青年人，可以选择练习拉丁舞、街舞、爵士舞与舞厅舞等舞蹈；对于活动能力受限的中老年人可以选择舒缓的华尔兹与恰恰等舞蹈。

7. 广场舞

广场舞以娱乐与健身为主要目的，以各种舞蹈在广场上进行为主要形式，是舞蹈艺术中最庞大的系统。广场舞最初主要包括佳木斯舞步、坝坝舞与水兵舞等，活动场地以公园广场、庭院与院坝等空旷的空间为主，练习期间通常伴随节奏感较强的音乐，参与者的目的主要是健身与娱乐。广场舞的参与者多为中老年人，一般是群众自发组织的，目前也有许多单位组织广场舞活动。广场舞的舞蹈元素十分丰富，只要在广场跳的舞蹈都可以称为广场舞，因此广场舞可包括民族舞、现代舞、拉丁舞、街舞、健身操等各种类型。此外，随着广场舞的发展，越来越多的现代元素融入其中，包括各种现代舞蹈的意识、行为与形式，由此形成广场舞的现代风格。如今，广场舞受到了社会各界的关注，不仅参与的人群越来越年轻化，而且广场舞也成为众多中老年人相互交流与娱乐的重要方式与手段。发展至今，广场舞已经成为社会的一种文化现象与社会现象，随着城镇化的发展而表现出积极的作用。广场舞形象深刻地反映了我国社会的发展，一方面表现为城市社区的发展与进一步完善，另一方面表现为人民的生活水平越来越高，对精神生活有着更高的追求。广场舞有着较好的健身价值，经常参加广场舞的练习，练习者的心血管与心肺功能、新陈代谢与消化系统都能得到有效的改善，可消除疲劳与紧张、增强体质、促进健康，进而提高身心素质。

（二）体操类项目管理主体关系的同构性

体操类项目的管理主体以体育、教育、文化等行政部门、体育社团（如体操协会、健美操协会、全国啦啦操委员会等）为主。我国体育社团多由政府发起成立，具有与政府机构、事业单位等“同构”的组织运作模式，部分甚至直接为体育或教育行政部门的执行机构，如体育总局附属的各单项体育协会，教育部门附属的学生体育协会等。因此，尽管体操类项目管理主体类型与职能等方面有着明显不同，但无论是行政部门，还是体育社团组织，仍表现出很强的同构性，带有强烈的行政色彩，多表现为横向的合作或纵向的层级关系。

1. 国家体育总局体操运动管理中心

体操中心是我国负责制定体操类项目发展规划、方针政策与相关业务的管理部门。体操中心设置的机构包括办公室、体操部、艺术体操部、蹦床部、事业发展部与国家体操队。体操部主要负责竞技体操的发展与管理；艺术体操部主要负责艺术体操的管理；蹦床部主要负责蹦床的管理；事业发展部主要负责非奥运项目的管理，如健美操、啦啦操、排舞、广场舞等。各部门分别负责所属运动项目的发展规划、业务管理；负责优秀运动员与后备人才的培养；负责指导项目协会工作的开展与项目俱乐部的建设；负责国际级或国家级比赛的组织与管理；负责组织国家级教练员与裁判员的培训，以及运动员等级的认定工作；负责所辖运动项目的科学研究与科技服务；负责运动项目的引进、管理与组织工作；负责国家体育总局交办的其他任务。

2. 中国体操协会

中国体操协会是负责竞技体操管理的群众性体育组织，成立于1956年，1956年加入国际体操联合会。中国体操协会的职能是负责组织与实施体操项目的推广普及、赛事组织、市场发展、业务培训等具体工作，具体表现为：一是在全国范围内广泛开展体操运动，推广和普及体操项目，提高我国体操项目的运动技术水平；二是加强与国际体操组织的合作，增进组织之间的相互交流与合作；三是负责体操项目教练员、裁判员培训与认证工作的具体执行；四是负责体操项目竞赛的组织与管理，以及优秀运动员的选拔与体操后备人才的培养；五是组织体操项目的发展研究与技术研究，制定体操项目的竞赛规则与裁判规则；六是学习体操类项目的前沿知识与先进技术。不断提升我国体操项目的技术水平，形成一定的国际影响力。

3. 中国技巧协会

中国技巧协会成立于1979年，是从中国体操协会分离出来的群众体育组织。中国技巧协会下设4个专项委员会，分别为技术委员会、裁判委员会、科研委员会与社会活动委员会。中国技巧委员会的主要职责是技巧运动的推广普及、业务培训、竞赛组织与后备人才的培养。具体表现为：一是协助制定中国技巧运动发展规划与方针政策，以及相关业务的管理；二是负责技巧运动后备人才的培养与优秀运动员的选拔、组织技巧运动国家队的选拔与集训；三是负责制定技巧运动的竞赛规程，组织国家级与国际级的比赛，以及全国性技巧比赛的管理；四是负责技巧教练员、裁判员的业务培训与资格认证工作，负责运动员的技术等级认证工作；五是开展技巧运动的国际交流与科学技术研究工作，推动技巧运动的科学发展。

4. 中国健美操协会

中国健美操协会（CAA），成立于1992年。初期包括裁判员委员会与教练员技术委员会。中国健美操协会是群众体育组织，是国际奥林匹克委员会唯一承认的健美操专项委员会。中国健美操协会的主要职责包括负责健美操项目的推广普及、业务培训、赛事组织与后备人才培养等工作。具体表现为：一是负责竞技健美操与大众健美操的推广与普及；二是负责健美操项目裁判员、教练员的业务培训与等级资格认证，以及运动员等级的认证；三是负责全国性健美操赛事的组织与管理，负责国际健美操赛事的组织与管理；四是组织开展健美操项目的科学研究工作，组织健美操项目的技术交流与国际交流，以及技术研发与引进工作。

5. 全国排舞广场舞推广中心

全国排舞广场舞推广中心于2016年由全国排舞推广中心更名成立，它是由体操中心、杭州市体育局与滨江区人民政府共建的排舞与广场舞推广机构。全国排舞广场舞推广中心的主要职责是负责排舞与广场舞的推广普及、业务培训、人才培养与赛事组织等工作，具体表现为：一是负责排舞与广场舞的推广普及与业务管理工作；二是负责排舞与广场舞的教练员、裁判员培训与资格认证工作，以及排舞广场舞的优秀运动员选拔与后备人才培养；三是负责全国性的排舞广场舞赛事组织，以及国际赛事的组织与管理；四是负责排舞广场舞的科学研究工作，引进先进的排舞技术，以及创编适应民众需求的排舞广场舞成套动作与作品；五是负责排舞广场舞进校园、进社区，以及排舞广场舞社会体育指导员的培训工作。

6. 全国啦啦操委员会

全国啦啦操委员会成立于2009年，最初包括全国啦啦操竞赛委员会和全国啦啦操推广委员会，二者于2014年合并为全国啦啦操委员会。全国啦啦操委员会设有竞赛部、技术部与综合部等机构，并在各省市设有省市级啦啦操委员会，形成了三级管理体制（图4–2）。目前，除港澳台外，每个省都有省级啦啦操委员会，有100余个地级市建有市级啦啦操委员会。全国啦啦操委员会主要负责我国啦啦操项目的发展规划与方针政策制定，以及业务培训、赛事组织与人才培养等工作，具体表现为：一是负责啦啦操项目的推广普及与相关的业务管理工作；二是负责啦啦操进校园、啦啦操文化、啦啦操赛事组织与管理等工作；三是负责啦啦操的教练员、裁判员业务培训与资格认证，以及运动员的技术等级资格认证；四是负责啦啦操的国际交流、技术引进，以及科学研究等工作[①]。

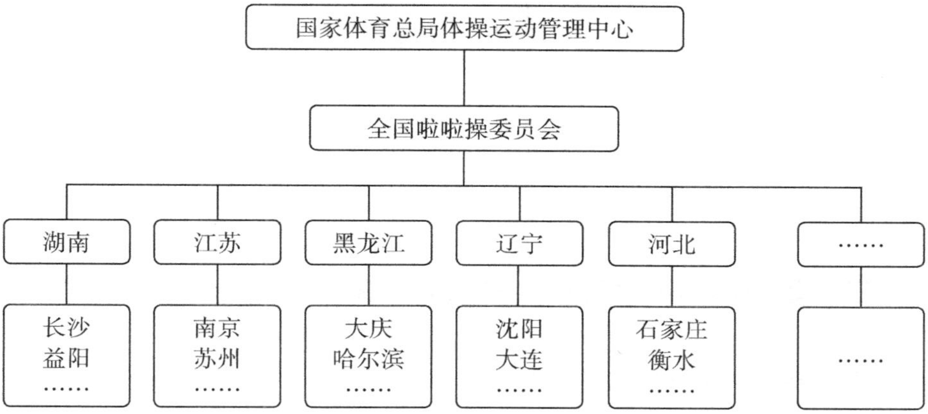

图4-2 全国啦啦操委员会的组织管理机构

7. 中国大学生健美操艺术体操协会

中国大学生健美操艺术体操协会（以下简称“两操协会”）成立于1992年，是国家级的单项体育协会。两操协会下设有主席团、专项委员会、科研委员会、国际交流部、推广宣传部、省秘书处与会员单位，组建了较为健全的管理架构（图4-3）。目前两操协会下设11个专项委员会，截至2016年有60余个会员单位。两操协会的管理模式为政府主导、协会具体执行。两操协会主要负责健美操、团体操、艺术体操、街舞、啦啦操、体育舞蹈等项目的推广普及与发展工作，具体表现为：一是负责各项目的发展规划与方针政策的制定，以及相关业务的管理；二是负责项目的教练员与裁判员的培训，引进先进的技术与理念；三是负责项目在学校的推广与普及工作，以及负责相关赛事的组织与管理等工作。

①李育林，寇磊，等. 近5年我国啦啦操发展现状及未来发展规划［J］. 中国学校体育，2015，2（8）：1-6.

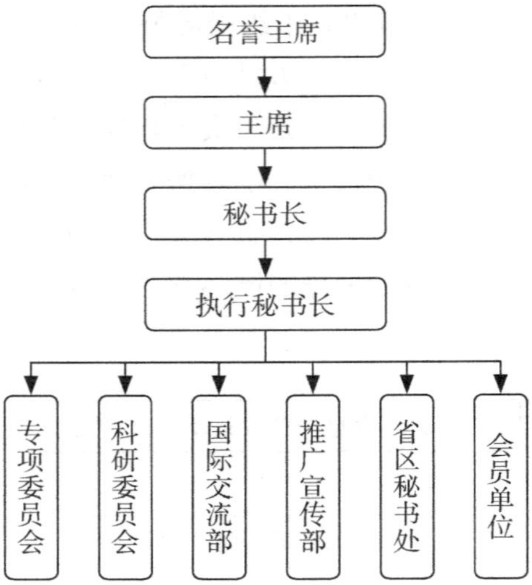

图4-3　中国大学生体育协会健美操艺术体操分会组织机构

（三）解决体操类项目发展的现实困惑

1. 体操类运动各项目发展不均衡

体操类运动项目发展的不均衡主要表现在以下两方面：一是竞技性体操与大众性体操发展的不均衡，就目前而言，大众性体操的发展十分迅速，在各级各类人群中迅速发展，如啦啦操、健美操、广场舞等运动受到不同类型人群的青睐，而竞技性体操则逐渐被边缘化，参与的群体越来越少，后备人才严重短缺；二是项目参与人群的不均衡，尤其以大众性体操的表现最为明显，健美操、啦啦操主要以青少年学生参与为主，在大、中、小学校、幼儿园，以及培训机构中得到了迅猛发展，而广场舞、排舞等以中老年女性参与者为主，在社区等发展迅速。同时，这几类项目又以女性参与为主，男性参与人数偏少。由于项目发展的不均衡，以及对体操理解的偏误，目前对体操发展的认识上，很多人认为体操在逐步边缘化，这与实际并不相符。体操类运动的发展，如果从狭义的竞技性体操方面进行考察，其参与人数确实在逐渐减少，但就大众性体操的发展而言，却表现出截然相反的趋势，无论是在校园推广与普及，还是在全民健身等方面，均得到不同类型人群的青睐。显然，体操类运动的发展，就整体而言并未衰落，而是表现出发展不均衡的状况，即竞技性体操的发展出现了瓶颈，而大众性体操则受到热捧，如何协调好这二者的关系，促进其共同发展是当下亟待思考与解决的问题。

2. 组织管理机构的各自为政与相互独立发展

管理体操类项目的机构主要有官方性质的行政部门与民间性质的体育社团组织，这两类机构分别承担不同的职责与权力，在管理过程中主要表现出两类问题：第一类是行政部门与体育社团间表现出层级关系，即体育社团组织职能的发挥需要依赖行政部门，自主发展的能力不足，行政干预过度，这样不利于体操类运动的社会化与市场化，以及高效发挥相关组织机构的职责与权力，导致行政部门与体育社团之间形成依赖性，进而不利于其社会化的发展。第二类是横向的各体育社团或行政部门沟通较少，各自为政，不利于资源的整合与优化利用，容易造成资源的浪费。首先，体育与教育行政部门在体操后备人才培养、学校体操发展的过程中积极的联系与沟通较少，基本上是各自为政，独立发展；其次，各体育社团在进行项目推广与普及的过程中，很少结合自身资源结构与优势形成合力，优化利用各自资源，以此促进体操类项目的共同发展。这种组织机构间交流与合作的缺乏，导致我国体操类运动在全面发展与普及过程中的制度性障碍，组织机构间的不足与短板问题难以得到有效解决，不利于体操类运动资源的优化配置与高效发展。

3. 人们对体操类运动认识的误区

一直以来，人们对体操运动的认识较为狭隘，导致认识存在一定的误区。误区一：体操即竞技性体操。就目前而言，许多人认为体操就是竞技性体操，即奥运会上的自由体操、单杠、双杠、平衡木、蹦床等项目，把诸如基本体操、健美操、啦啦操等大众性体操排除在外。这一认识的误区导致很多人认为体操的发展遭遇了瓶颈，呈现边缘化的现象。但在实际的发展过程中，主要表现为竞技性体操与大众性体操发展的不均衡。误区二：认为体操只是“高精尖”的体育运动。人们谈到体操就会想到手翻、空翻、腾跃等高难度的技术动作，殊不知基本体操、队列队形、健美操、啦啦操等展示肢体美与促进身体健康的大众性体操也是体操类运动。而且以竞技性体操为基础的快乐体操，并不是展示高难度空翻，而是以发展人的基本体操素质为主。人们对体操类运动认识的误区，是造成体操类运动发展瓶颈的重要因素，导致许多人“谈体操色变”，对体操保持一种敬而远之的心态，严重阻碍了体操类运动的推广与普及。同时，人们对体操类运动认识的误区也导致各组织机构间的相互独立，不利于资源的整合与优化利用。因此，帮助人们走出对体操类运动认识的误区，是保证体操类运动均衡发展的思想基础。

三、我国体操类项目协同发展的整体构想

我国体操类项目的协同发展包括管理主体的协同、发展方式的协同与运行过程的协同（图4–4）。其中，管理主体的协同表现为体育系统、教育系统、体育协会的协同；发展方式的协同包括政府主导模式、社会支持模式与市场主导模式的协同；运行过程的协同包括体操类项目的推广普及、人才培养与竞赛表演的协同。体操类项目协同发展具体表现为项间协同、内外协同、纵横协同、竞赛协同与校社协同。总之，体操类项目协同发展的目标是推动竞技性体操与大众性体操的相互促进与共同发展，扩大体操参与人口、培养体操后备人才、挖掘体操类运动育体育心的价值效应。

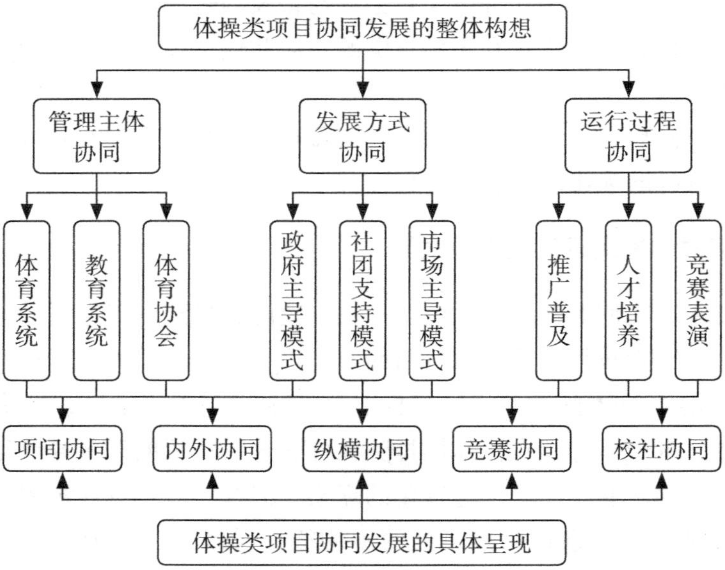

图4–4　体操类项目协同发展的整体构想与具体呈现

（一）管理机构的协同

管理是由人进行的协调活动，即由一个或更多的人来协调他人活动，以便收到个人单独活动所不能收到的效果而进行的各种活动。简单来说，管理就是通过其他人的工作达到组织目标。管理的核心是协调人际关系。人际关系是指领导者与团体成员之关系，人际关系可以分为好与坏；工作结构是指工作的组

织架构，可分为有与无；职务权力是指领导者对部属奖惩、考核、任免的权力，这种权力可分为强或弱[①]。管理科学的系统原理表明，一切事物都是以系统的形式存在的，任何事物都可以看作是一个系统。系统要素之间的相互关系和要素与系统之间的关系，以整体为主体协调，部分服从整体，整体效果最好。体操类项目管理机构的协同发展，目标是使各体操类项目组织通过建构共同的目标、理想、行为准则与制度，推进体操类项目的持续发展。

体操类运动的组织与管理机构包括多种性质的管理部门，涉及政府部门（国家体育总局体操运动管理中心、省市体育局等）、体育社团（如体操协会、全国啦啦操委员会、健美操协会）等，既有官方性质的政府部门，也有民间性的行业协会与社团组织。国家体育总局体操运动管理中心主任缪仲一先生指出："体操中心希望通过整合各单项协会的资源，把竞技体操与大众体操共同发展起来，目标是采用政府政策引导与激励，运用体育社团的灵活机制，转变管理主体之间的关系，明晰主体之间的责权与利益，积极向政社合作的运行机制转变，逐步构建一种新型的服务型政社合作关系，吸引更多的社会资本参与体操类项目的发展，逐渐把体操类项目的发展推向市场，走向社会化。"

因此，处理好官方性质与民间性质管理主体的职能与权责，促进官方机构与民间组织的协同发展，发挥各自的资源与责权优势，对优化体操类运动组织与管理机构具有重要的价值。在行政性的机构方面，如体操类运动的组织与管理方面，要充分发挥其资源配置、行政权力与领导的优势，积极助推体操类运动的发展，协调各方资源促进体操类运动的整体发展。以协会与社团为主的民间组织，要充分发挥其灵动的优势，在体操类运动的社会化与市场化发展方面加大力度，充分发挥自主的优势，促进体操类运动的发展。此外，各组织机构之间要相互支持与互助，充分发挥各自的优势，共同推进体操类运动的发展。

（二）发展方式的协同

体操类运动的发展包括大众性体操的发展与竞技性体操的发展，这两类不同性质体操类运动的发展表现出不同的发展方式。其中，以争金夺银为主要目的的竞技性体操，主要是官方性质的政府部门引导与支持发展，包括

---

①周三多. 管理学原理［M］. 北京：高等教育出版社，2018：36-41.

经费投入、场地与运动员培养，依赖的制度主要是“举国体制”。与竞技性体操相对应的大众性体操，其发展方式主要是协会与社团自治的发展方式，即政府部门发挥主导作用，由协会与社团组织自主管理发展，如啦啦操、健美操、广场舞等，社会化与市场化发展是其主要的目标。因此，两种发展模式各有利弊，竞技性体操享受了较好的国家资源，资源配置得到有效保障，但相对灵活性不足，社会化与市场化推进阻力大，约束机制明显；大众性体操在社会化与市场化方面有新的突破，但管理不规范、行政资源配置不足，存在各类问题与困境。因此，协同两种发展模式，促进资源的优化配置，以及合理利用各种资源，实现各资源的优势互补，是今后体操类运动发展的新趋势。

实现竞技体操与大众体操的协同发展是体操发展的核心目标。在对时任国家体育总局体操运动管理中心副主任郭振明先生进行访谈时，他指出：“竞技性体操与大众性体操的发展均是未来体操中心的发展重点，体操是我国奥运会的优势项目，大力发展竞技性体操，持续保持世界体操强国地位的不动摇，仍将是未来体操中心工作的重点。同时，发展大众性体操运动，推进体操进校园，以及体操融入全民健身，逐步扩大体操人才培养的基础工程，也将是体操中心的重点工作。其总体规划与目标主要表现在两个方面：一是通过扩大体操参与人口为竞技体操培养后备人才，实现为国争光；二是积极推广普及大众性体操，为全民健身与健康中国战略的发展助力。”

针对此项工作，体操运动管理中心提出了“报团取暖”的发展思路，即通过将奥运项目与非奥运项目的整合与资源优化配置，一方面做好竞技体操的奥运备战工作，保证我国竞技体操在世界上的优势地位；另一方面是加强非奥运项目的宣传与推广普及，整合各类资源促进其整体发展①。体操运动管理中心根据各项目的特点与发展需要成立体操部、蹦床部、艺术体操部与事业发展部②。基于此，体操运动管理中心运作的“五位一体”发展战略主要包括五个方面，具体用五个圆圈进行解释：一是中间的核心圈是大众性体操与竞技性体操，两者协调发展与共同促进是基石；二是下面的基础板块圈，主要包括体操后备人才培养与体操进校园，解决体操后备人才匮乏与推广普及的问题；三是上面的国际体育组织圈，主要是发展经验、氛围营造与打造快乐体操，为体操

①缪仲一.“大体操”揭开面纱 “抱团取暖”期待项目提升［N］. 中国体育报，2010-04-07.

②门天清.“大体操”概念将被运作 以增强非奥运项目生存能力［EB/OL］.［2010-04-23］. http://sports.sina.com.cn/o/2010-04-23/05584951784.shtml.

类运动的发展营造良好的国际环境与氛围；四是左边的竞赛体系圈，建构阶梯式的体操类项目比赛，通过赛事与活动的促进与提升，扩大体操运动的影响力，以及提升体操运动水平，进而促进其推广与普及；五是右边的综合保障圈，即各级各类部门与相关组织要在政策支持、资源配置、服务提供等方面形成联合保障机制，“五位一体”战略形成了全面、协调与可持续发展的基本思路，让人们更加深刻地认识到体操运动发展的愿景与未来①。基于战略的实施，时任体操运动管理中心主任的罗超毅期待能够成就“大体操”的构想，主要表现在以下两方面：第一，继续加强非奥运项目的推广与普及，保持其发展的强劲势头，通过赛事组织、培训活动与推广活动等加强推广；第二，竞技体操进校园要进一步争取教育行政部门与社会的支持，力争在学生体育课以及其活动课程中纳入体操教学内容，同时，进一步加强体操人才培养体系的改革，逐渐建设符合学校—俱乐部—省市体操学校—省市队—国家队的发展模式，逐步夯实体操后备人才培养的基础，发挥体操在学校教育中的重要价值。

（三）运行过程的协同

体操类运动是一类具有相同结构属性的运动的集合，它们的动作以展示肢体美为主。因此，这些运动在推广、表演与竞赛体系等方面形成协同结构。首先，体操类运动表演与比赛的协同发展，如世界体操节、中国体操节、湖南省阳光体操节等，把各种不同类型的体操运动在同一个平台上呈现出来，促进运动项目间的相互影响与互助；其次，体操类运动的推广要将竞技性体操与大众性体操相结合，用竞技性体操的影响力来扩大体操类运动的影响力，而用大众性体操的基础平台与受众面为竞技性体操的后备人才奠定基础。在基础人才培养阶段，注重适合体操基本能力的训练与培养，为体操后备人才的培养奠定基础；最后，各运动项目间的协同发展，竞技性体操与大众性体操在运动项目的结构体系中实现互相支持与发展，保障各项目的均衡发展。

在2018年首届中国体操节专家访谈中，时任国家体育总局体操运动管理中心主任缪仲一先生指出：“与国际接轨，世界体操节已经成功举办了15届，亚洲也举办了多届亚洲体操节，中国体操节是体操中心孕育了多年的梦想，在今年得以成功举办。举办体操节的目的也就是希望我们体操人能够更加正确地

①王向娜.“五位一体”打造“大体操”概念［N］. 中国体育报，2014-06-05.

认识体操，不仅包括竞技性体操，也包括大众性体操。举办中国体操节，目的是通过这样一个平台，把我们体操人汇集在一个大舞台进行交流与展示，不仅促进了体操资源的共荣与共享，而且实现了竞技性体操与大众性体操的相互交流，且将活动的组织机构、项目结构与组织运行相互融合，为今后规划竞技性体操与大众性体操的协同发展积累了新的经验。”

体操类运动协同发展，需要在组织机构、项目结构、运行机制等方面实现协同发展。一是组织机构方面，行政性的官方部门与民间性的体育组织要有机协调，在权利与职责、任务与分工等方面实现结构性平衡，保证各组织机构权责的充分发挥与有效应用。二是项目结构的均衡发展，体操类运动涵盖多种运动项目，如竞技性体操与大众性体操，目前大众性体操的发展较快，而竞技性体操的发展遭遇瓶颈。在这种新形势下，如何保证竞技性体操与大众性体操的均衡发展，是推进体操类运动全面发展的迫切要求。三是运行机制的协同发展，体操类运动的发展主要有两种形式，表现为以竞技性体操为主的官方发展模式，以及以大众性体操为主的民间自主发展模式。这两种模式呈现资源不均衡的特点，竞技性体操的资源优势明显，而大众性体操的资源明显不足。这也许不利于生态结构的稳定，也会造成结构上的失衡。因此，生态学理论指导下的体操类运动发展，最重要的是要协调系统中各部分的关系与机制，保证各部分能够彼此促进与相互联系，产生促进系统整体发展的动力。

因此，体操类运动的发展作为一个系统，它与社会的发展紧密联系在一起。系统观视域下的体操类运动发展要把竞技性体操与大众性体操视为相互联系、相互依赖与相互作用的两部分。因此，体操类运动的发展要形成相互协作的有机系统，各组织机构、各运动项目间形成相互联系与相互作用的体系，充分发挥各自的优势，优化配置各类资源，共同助推体操类运动的发展。整体观视域下的体操类运动的发展，要求把体操类运动的发展视为一个整体，即把组织机构、项目构成、管理机制等视为一个有机整体，各部分要为整体的发展积极服务。平衡观视域下的体操类运动的发展要逐步实现体操类运动组织机构、项目发展的平衡。目前表现的态势是行政性的组织机构较为强势，而民间性的组织机构优势不足，在共同助推项目的发展方面表现出权责不平衡的现象。然后是项目发展的结构不平衡，竞技性体操逐渐边缘化，而大众性体操呈现迅猛发展的态势，这种发展态势反映了项目结构的不平衡，也不利于体操类运动的全面发展。调控观视域下的体操类运动发展，要求加大体操类运动发展过程中人的作用，通过人的控制改变及环境的影响来促进体操类运动的协调发展。

四、我国体操类项目协同发展的具象规划

（一）项间协同——体操类项目间的协同

体操类项目间的协同发展主要是指各体操类项目的发展相互促进。就目前而言，运动项目间的协同发展主要表现为打造共同的赛事或表演平台，通过管理主体间的相互合作，把不同体操类运动的比赛或表演置于同一个平台，实现共同的发展。如今比较有影响力的体操类赛事平台主要包括中国体操节与全民健身操舞大赛。

1. 中国体操节

中国体操节是由国家体育总局体操运动管理中心主办的体操类赛事，2018年7月，在山东省日照市举首次举办[①]。2018年中国体操节设置了啦啦操、技巧、健美操与排舞四场赛事、两场论坛，以及嘉年华活动，吸引了来自26个省35个市的近万名运动员前来参赛。中国体操节探索了“体育+”的体育项目发展新模式，设有2017—2018年全国啦啦操联赛总决赛、2018年中国体操节全民健身操比赛、2018年中国体操节排舞比赛、2018年中国体操节技巧比赛四项赛事，还配套设置了丰富多彩的活动，如2019年国家啦啦操集训队、国家青少年啦啦操集训队选拔工作暨2018年全国啦啦操训练营培训，以及2018年全国校园啦啦操高层论坛暨“经典咏流传”校园大课间啦啦操进校园活动论坛，也将在体操节期间举办。嘉年华主要包括冠军队伍展演、文化互动游戏、各主题派对等系列活动，期间邀请啦啦操爱心大使、啦啦操姐妹花等进行体操运动现场教学和多种互动活动。集城市文化、旅游休闲、文创市集等元素于一体，使体操节成为名副其实的“体育的盛会，全民的节日”。

中国体操节对体操类运动协同发展的促进作用主要表现为以下两方面：一是管理主体间的协同发展，2018年首届中国体操节是由体操中心、山东省体育局、日照市人民政府共同主办，以及中国体操协会、全国啦啦操委员会等体育社会组织协办的体操盛会，实现行政部门与民间组织在赛事组织与管理方面的有效衔接，以及不同管理主体间的相互合作，各部门与组织之间发挥各自的职

①牟泳锟，汪正. 2018年中国体操节在日照开幕 万余选手共享盛会［EB/OL］.［2022-07-13］. http://rizhao.dzwww.com/rzxw/201807/t20180713_16565152.html.

能，共同助推体操类运动与赛事的发展；二是项目间的协同发展，中国体操节超越了传统意义的竞技性体操比赛，它把竞技性体操（如技巧）与大众性体操（如啦啦操、健美操）等置于同一个表演平台，让观众与参与者了解到体操不仅包括传统意义上的竞技性体操，而且包括以健身美体为主要功能的啦啦操、健美操等大众性体操。将竞技性体操与大众性体操放在同一个舞台上进行表演，不仅有效宣传了体操、加深了人们对体操的认识，而且促进了体操类运动的发展。

2. 全国全民健身操舞大赛

全国全民健身操舞大赛将体操类项目的协同发展，从赛事或表演平台的层面发展到了运动项目的推广与普及层面。全国全民健身操舞大赛不再仅仅是一个体操类运动项目的比赛，通过比赛促进了人才培养机制的形成，每年在全国进行50余场的推广活动，每年受益人群达20多万人。全国全民健身操舞大赛打造了很好的行政部门与民间组织间协同管理的模式，主要表现为政府部门引导与领导，行业协会具体组织培训与赛事的运行机制，并取得了良好的效果。同时，全国全民健身操舞大赛形成了上下级组织机构的协同，如联赛与总决赛、各地方的推广培训活动等，均形成了相应的赛事体系与培训体系，不同级别的赛事或培训均由全国的组织机构宏观领导，各地方行政部门或行业协会具体执行。在培训资源、管理资源与经验借鉴等方面充分共享，并充分发挥了组织机构的优势，实现了各运动项目的共同发展。这种协同发展的优势主要表现为：一是政策资源的优势，国家行政部门的主导与领导保障了政策资源；二是专业资源的优势，行业协会的具体执行使组织与管理更加专业化，赛事或培训活动组织与管理水平更高；三是资源的共享，各项目拥有的赛事资源、培训资源能够共享，进一步优化与合理利用了各种资源。

（二）内外协同——体操与其他项目的协同

内外的协同主要表现为体操类项目与其他运动项目的协同发展，这种协同发展充分体现了体操类运动具有表演性的特质，尤其是大众性体操与其他运动项目协同发展的情况较多。如啦啦操与足球、篮球的协同发展，全国大学生五人制足球联赛与啦啦操比赛的融合，大学生篮球联赛与啦啦操比赛的融合，以及啦啦操融入学校各种体育比赛等，均具有成功的运作模式。

特步大学生五人制足球联赛暨啦啦操选拔赛，首次提出了“足球啦啦队”

的概念，并将足球赛事与足球啦啦队选拔赛完美融合，开创了中国校园五人制足球赛事与啦啦操赛事协同发展的新模式。为了整个啦啦操赛事更具艺术性与观赏性，足球啦啦队的表演形式也进行了创新，将一些难度技巧动作融入舞蹈啦啦操；团队PK中设置了个人PK环节；规定成套动作与自选成套动作相融合。

（三）纵横协同——管理主体间的协同发展

1. 管理主体间的横向协同——合作与服务

管理主体间的横向协同主要是指政府部门与体育社会组织或机构，以及不同行政部门［如教育部与国家体育总局，省市教育厅（局）与体育局］的协同，这种协同主要形成了合作与服务关系，即根据各部门的资源优势实现相互支持与互助，以此保障体操类项目的发展。

（1）体操运动管理中心与全国啦啦操委员会

体操运动管理中心与全国啦啦操委员会在啦啦操项目的推广与普及、教师培训、俱乐部建设、示范校和实验校建设，以及赛事组织等方面形成了良好的合作关系。体操运动管理中心主要负责啦啦操运动发展的宏观指导，在政策支持、资源配置等方面提供支持与帮助，而全国啦啦操委员会在赛事组织、项目推广、推广单位建设等方面负责具体执行，将项目的发展推向市场与社会。体操运动管理中心与全国啦啦操委员会在助推啦啦操项目发展的过程中，其合作关系主要表现为以下几个特征：一是体操运动管理中心与全国啦啦操委员会在政社合作方面实现了管办分离，体操运动管理中心主要负责宏观指导，具体的管理工作与执行工作均由全国啦啦操委员会负责，推进了行业协会的自主发展；二是体操运动管理中心与全国啦啦操委会之间的关系从管理走向了服务与合作，啦啦操项目的发展主要由全国啦啦操委员负责组织与实施，而体操运动管理中心主要是合作单位，向全国啦啦操委员会提供相应的支持与帮助。因此，管理主体间的协同发展要逐步转变过去以管理为主的模式，逐步转向合作与服务，更多地让体育社会组织与行业协会发挥自主权与自治权，这样才有利于项目发展的市场化与社会化。

由管理走向合作与服务的转变，需要在权力下放与管办分离等方面形成有效的体制机制。权力下放即体操运动管理中心要把更多的权力下放给体育行业协会，让社会组织与团体承担项目发展的重任，让它们有更多的自主权与自治权来促进项目的发展，充分发挥体育社会组织与行业协会的资源优势，促进体操类运动的社会化与市场化。管办分离表现在赛事组织、项目推广、师资培训、人才培养建设等方面，体操运动管理中心、体育社会组织与行业协会之间要处理好管理与合作的关系，即体操运动管理中心的管理要逐步走向服务与合作，体育社会组织与行业协会要充分行使主人翁的权力，主动参与发展体操类运动，把项目发展与推广作为己任。在此过程中，各组织机构要充分明确各自的职责，明确体操类项目的管办权责，充分发挥各主体的资源优势。

（2）教育部与中国大学生体育协会健美操艺术体操分会

教育部与两操协会在体操类项目的管理方面形成了官方性质的管理机构与民间性质的管理机构的合作。学校体操类项目的推广与普及，以及赛事的组织与发展，均由教育部授权给两操协会进行组织与实施。教育部在这一过程中充分发挥行政资源的优势，提供政策支持，保障项目推广、赛事组织等事项的政策引领与宏观指导，使校园体操类运动赛事与活动的开展，得到学校各部门的积极响应。而两操协会则在体操类运动赛事组织与推广普及过程中扮演着执行者的角色，充分发挥民间组织的优势，在体操类项目进校园、赛事的组织方面共享力量。

此外，项目管理主体间的协同发展不仅仅是行政性的管理机构与民间性的体育社团合作和管办分离等创新形式的落地，也需要不同类型与层次的管理主体间的相互协作与发展。如体操运动管理中心与省级体育部门、全国性的体育协会与省级体育协会等相互之间关系的理顺与资源共享、事权划分等，均是管理主体间协同发展的重要组成部分。不同类型、不同级别管理主体间的协同发展，是实现体操类运动发展充分利用各类资源、积极形成合力的重要组成部分。这样才能使体操类运动的发展得到全面推进，逐步实现均衡的发展，也是夯实体操类运动人才培养的基础工程，以及充分发挥体操类运动在全民健身中重要作用的新举措。

（3）体育行政部门与教育行政部门的协同发展

以青少年参与为主的体操类项目，如健美操、啦啦操、街舞等，如何促进体育行政部门与教育行政部门的协同尤为重要。教育行政部门主管的学校是体操类项目主要的参与对象，如体操进校园、啦啦操进校园、排舞进校园等，都需要教育行政部门的大力支持与帮助。体育行政部门是体操类项目发展规划制定、体育竞赛开展与运动队伍建设的主要组织机构。二者在体操类项目发展的过程分别发挥着不同的作用。

体育行政部门与教育行政部门的协同发展主要表现在师资培训、赛事组织、项目推广等方面。一是体操类项目的师资、参与对象与项目推广的受众群体主要在学校，因此教育行政部门应该提供政策支持促进教师与学生参与体操类项目，促进体操类项目的发展；二是体育行政部门把拥有的技术资源、人力资源、物力资源等投入到各级各类学校，为学校的教师与学生提供多样化的发展平台，保障体操类项目赛事、培训与推广的稳步发展。

2. 管理主体间的纵向协同——引导与协调

管理主体间的纵向协同主要是指相同性质的组织或机构形成的上下层级关系的协同，这种协同更多建立在行政关系命令及宏观指导与协调等层面上。管理主体间的纵向协同包括两个方面：一是行政部门间的纵向协同，如国家体育总局与各省市体育局之间的协同；教育部与省市教育厅（局）的协同，这种协同一般以行政命令为主，形成了较为浓厚的行政权威关系；二是不同层级的体育社会组织之间的协同，如全国啦啦操委员会与各省市啦啦操委员会的协同、两操协会与省市秘书处的协同、中国体操协会与各省体操协会的协同等。由于社会组织是民间性质的组织，具有独立性与自主性，故而这种协同往往表现为引导与协调的关系，从而实现主体之间的相互支持。

（四）竞赛协同——基层比赛的裁判协同

综合性基层体操类项目的比赛通常以大众性的体操类项目为主，如全国全民健身操舞大赛中的有氧健身操（舞）、时尚健身课程、街舞、民族健身操（舞）、广场健身操（舞），以及湖南省学生阳光体操节设置的健美操、啦啦操、排舞、街舞等项目，均属于大众性的项目。这些项目往往具有较强的共性特征，裁判规则与评分标准都包括规定套路的规范性、自选套路的创编、场地空间的运用、队形的变化、音乐与动作的吻合、套路展示的表现力、项目的技术技巧表现、集体项目的一致性（表4-1）。同时，基于裁判数量、水平与办赛成本的考虑，基层体操类项目比赛中通常一名裁判会执法多个项目，而不是每名裁判仅执法一个项目，如在湖南省阳光体操节中，啦啦操比赛的裁判员也兼职健美操比赛的评分员，或兼职健身操比赛的评分员。通过在竞赛规则的共性方面的协调，确保裁判员执法的准确与公平公正。因此，基层体操类项目裁判的协同主要表现为两个方面：一是规则的协同，即根据体操类项目的共性特征，设计符合所有项目共同评分的评分表并进行统一的评分，有助于赛事的集中举办与评分的公平公正；二是裁判员的协同，即通过制订相应的评分表，要求各项目的裁判员在统一的标准下均能够进行现场的评判，解决裁判员数量不足与部分裁判员水平不高的问题。目前有研究表明，体操类项目的裁判协同在基层体操类赛事中具有较好的实践价值，这样能够解决基层体操比赛专业性人才不足，以及赛事资源紧缺等现实问题。

表4-1　大众性体操类项目评分方式汇总表

项目	评分制	套路规范性与创编	场地空间运用	音乐选配	技术技巧	一致性	特殊要求
大众健美操	艺术10分+完成10分	有要求	有要求	有要求	有要求	有要求	过渡连接；动作的准确性
啦啦操	100分	有要求	有要求	有要求	有要求	有要求	技巧啦啦操和舞蹈啦啦操有各自的评分规则
校园健身操舞	100分	有要求	有要求	有要求	有要求	有要求	器械的使用；服装与主题融合
排舞	舞步分10分+综合分10分/2	有要求	有要求	有要求	无要求	有要求	舞步分被单独列出
节奏体语	100分	有要求	有要求	有要求	有要求	有要求	无

（五）校社协同——学校与社会的协同

随着体操进校园、啦啦操进校园、快乐体操、广场舞、排舞等的发展，体操类项目在学校、社区、家庭及社会俱乐部中得到了迅速发展，越来越多的学校、体育俱乐部、家庭等参与到体操的发展中。学校与青少年体操俱乐部成为青少年体操发展的重要基地，家庭与社会其他组织也成为助推体操类项目发展不可或缺的一部分。如何实现学校与社会组织机构的协同发展，实现资源的优势互补与合理利用尤为重要。如亲子啦啦操、快乐体操、广场舞组织等在师资培训、场地提供、教学指导等方面均有成功的案例。

五、小结

体操类项目的协同发展主要表现为兴强扶弱、项目互动与主体互支等方面。兴强扶弱即继续保持大众性体操的快速发展，以及逐步解决竞技性体操被弱化的现实问题；项目互动包括体操类项目本身的元素与结构属性的互动，运动竞赛与表演活动平台的互动，以及运动项目推广与普及的互动；主体互支是指以竞技性体操管理为代表的行政主导方式与以大众性体操管理为代表的协会管理模式，在行政资源、社会资源、市场资源等方面形成支持。体操类项目协同发展的现实依据包括动作内容属性的同质性、管理主体关系的同构性，面临着项目发展不均衡、组织管理相互独立与认知局限等现实困惑；实现管理机构、发展方式、运行过程的协同发展是解决以上问题的基本途径。体操类项目的协同发展是多元结构的统一体：一是项目间协同，即体操类项目间的协同发展。通过打造共同的赛事或表演平台，通过管理主体间的相互合作，把不同体操类项目的比赛或表演置于同一个平台，实现共同的发展；二是内外协同，即体操类项目与其他运动项目的协同；三是纵横协同，即不同类型与不同层级管理主体间的协同发展；四是竞赛协同，即基层比赛的裁判协同；五是校社协同，即学校与社会的协同，即建立行政性管理机构与民间性体育社团组织的合作平台，由管理向合作与服务转变。

第五章　实例呈现：我国体操类项目协同发展的个案探析

一、案例选择与分析方法

协同学理论是研究系统中各子系统间的作用，使系统中的各要素相互协调与配合得当，实现系统间运作的良性循环的理论。选择湖南省阳光体操节作为案例研究，是基于其活动内容与组织形式，将多个体操类项目置于同一个赛事平台进行，即它将各项目的组织主体、参与主体与客体内容等融合在了同一个赛事平台中，推进了体操类赛事资源与要素的整合，实现了体操类项目发展的相互支持与帮助，有效促进了体操类项目的推广普及与快速发展。

（一）研究案例的基本情况

1. 湖南省阳光体操节发展思维基础

（1）打造竞赛协同平台是湖南省学生阳光体操节源起的思维基础

湖南省学生阳光体操节是在遵循中国学生健康活力大赛的参赛模式和展示风格的基础上，突出项目竞赛协同平台、打造体育节庆文化元素而设置的综合性竞赛活动。“体操节”最初是在2008年为完成湖南省当年度的体操类运动员技术等级测试而开办的，由湖南师范大学体育学院具体策划和组织，当时定名为“湖南省阳光体操节”。因当时的运动员技术等级测试依托该竞赛平台进行并获得了成功，同时出于积极响应全国“阳光体育运动”号召的目的，需要有专门的展示平台来对全省相关活动进行每年一度的展示和审查，在综合全省多位领域专家的意见下，湖南省阳光体操节初步确定继续试办。

（2）推进内外协同夯实了湖南省学生阳光体操节发展的实践基础

为办好湖南省阳光体操节，抓住良好的发展机遇，体操节活动的具体执行单位——湖南师范大学体育学院体操教研室进一步捋顺“内外协同”的发展思路。对内，积极扩大受众人群，不断夯实湖南省阳光体操节将其打造成培养本校体操类人才的平台，率先推出“一赛一考，考赛结合”的教学评价体系。其中，“一赛一考”是在原有的湖南省体育专业学生体操专业（三级）通级及健美操运动员等级测试的基础上，体育学院不同年级学生参加阳光体操节活动的比赛项目后得到的成绩将被作为本学期课程的成绩进行认定，考试模式由传统的以授课教师评价为主的方式，转变为“以赛促练与考教分离”的集中评价模式，而“考赛结合”是让学生在获得学习成绩的同时，还能获得竞赛的证书，学生通过对竞赛的准备、参与，完成教学实践，切实提高自身综合能力和水平。对外，积极丰富体操类项目的竞赛内容、增设参赛组别、发展参赛队伍，搭建全省体操类青少年集中展示和交流的平台。在竞赛内容方面，除保持传统的体操、健美操项目外，增加啦啦操、体育舞蹈、街舞、排舞、节奏体语等体操类项目。在增设组别方面，通过扩大年龄分组和竞技能力水平层次，增加了俱乐部组、普通组、高水平组、精英组等不同组别。在发展参赛队伍方面，将以往仅局限于湖南省体育专业的学生，扩展到了全省各级学校的青少年学生。湖南省学生阳光节注重大众性与普及性，参与对象几乎没有门槛的要求，无论是否经过专业训练或有无良好的专业基础，只要对体操类运动项目有兴趣，乐于参加这类活动，都可以参与这个活动。

通过多年来良好的赛事组织和运作，湖南省阳光体操节得到各级领导、参赛单位、参赛人员的一致好评。2014年湖南省学生阳光体操节在湖南省学生体育协会的支持下，正式成为湖南省学生体育竞赛活动的内容，与其他省级学生同类赛事一道，纳入每年年度的常规竞赛计划，并更名为“湖南省学生阳光体操节”，使其快速发展。

2. 湖南省学生阳光体操节的项目设置

多样化是湖南省学生阳光体操节项目设置的基本特点（表5-1）。湖南省学生阳光体操节始于2009年，最开始其设置的项目包括竞技性的竞技体操，以及大众性的啦啦操、健美操、健康明星教练、健康街舞等；在2010至2013年间项目设置有所变动，主要包括竞技体操、啦啦操、健美操、健康明星教练、健康街舞、体育舞蹈等；2014—2015年度，在原有项目基础上增加了跳绳、节奏体语、排舞；2015—2016年度又增加了健体和健身比赛项目；2016—2017年度比赛项目有了较大的变化，项目设置主要包括啦啦操、竞技体操、健康街舞、健康明星教练、健美操、体育舞蹈、跳绳的比赛项目；2017—2018年度比赛项目缩减为五项，即竞技体操、健美操、啦啦操、体育舞蹈、跳绳；2018—2019年设置的项目有竞技体操、健美操、啦啦操、体育舞蹈、跳绳、健身瑜伽。

总体来看，湖南省学生阳光体操节的项目设置经历了从增加到精减的一个过程，项目最多时可达到10个小项，而后则缩减了一半。但竞技体操、健美操、啦啦操这三项核心项目被予以保留，健康街舞和体育舞蹈也是较为常规的项目。

表5-1　湖南省学生阳光体操节项目设置表

年份	项目设置
2009年	竞技体操、健美操、动感啦啦操、健康街舞、健康明星教练
2010—2013年	竞技体操、健美操、啦啦操、健康街舞、健康明星教练、体育舞蹈
2014—2015年	竞技体操、健美操、啦啦操、健康街舞、健康明星教练、体育舞蹈、跳绳、节奏体语、排舞
2015—2016年	竞技体操、健美操、啦啦操、健康街舞、健康明星教练、体育舞蹈、跳绳、节奏体语、排舞、健体和健身比赛
2016—2017年	竞技体操、健美操、啦啦操、健康街舞、健康明星教练、体育舞蹈、跳绳
2017—2018年	竞技体操、健美操、啦啦操、体育舞蹈、跳绳
2018—2019年	竞技体操、健美操、啦啦操、体育舞蹈、跳绳、健身瑜伽

3. 湖南省学生阳光体操节的组织管理

湖南省学生阳光体操节管理主体实现官方（湖南省教育厅）与非官方（湖南省学生体育协会、中国大学生健美操艺术体操协会湖南省秘书处、湖南省啦啦操委员会、湖南师范大学）机构的联动与合作。湖南省学生阳光体操节的管理主体因“体操节”抓住了节日赛事升级发展的良好机遇而进行了一次变革。2013年以前，湖南省阳光体操节主要由中国大学生健美操艺术体操协会湖南省区秘书处、湖南师范大学体育学院、体操教研室及学院健美操俱乐部发起举办，表现为行业协会与学校共建及联合管理的非官方模式。

2014年以来，湖南省学生阳光体操节被纳入“湖南省学生体育竞赛活动年度计划”，成为省内重点打造的品牌节日赛事活动之一，开始由湖南省学生体育协会具体接管和主办该项节日赛事，赛事的管理主体发生了质的变化，即官方部门与非官方部门合作组织。官方的管理机构包括湖南省教育厅，非官方的组织包括湖南省学生体育协会、湖南师范大学体育学院，以及健美操艺术体操协会湖南省联络处与湖南省社会体育指导员协会等。这时表现为政府、协会、学校协同管理的半官方模式，这一模式一直延续至今。

（二）数据采集与分析方法

1. 数据采集的方法

（1）赛事资料搜集

搜集了自2008年以来湖南省学生阳光体操节的所有秩序册与竞赛规程，相关的比赛资料与文献资料，以及近10年社会变迁、学校体育发展、体育文化发展与体操类运动发展关系的文献资料，为案例分析作支撑。

（2）口述史的方法

在2018年5—9月对湖南省学生阳光体操节的创办者与主要组织管理者展开了深度访谈。首先，在2018年5月湖南省学生阳光体操节期间分别对创办者与主要组织管理者进行了深度访谈，对数据资料进行了整理与分析；然后，在2018年9月期间，针对访谈资料整理过程中的问题与困惑，再一次进行了追踪与补充的访谈，进一步充实了访谈数据。详细记录了湖南省学生阳光体操节自创办到发展壮大的基本理念、发展过程与重大事迹，这也成为了进行案例分析的重要数据资料。

2. 数据分析的方法

（1）数理统计法

统计分析了2009年以来湖南省学生阳光体操节所有秩序册的参赛人数、项目设置、参赛单位，用数据说明赛事发展过程中的实际变化与发展规律。

（2）逻辑分析法

将口述的数据整理成文字，通过梳理湖南省学生阳光体操节发展的组织管理与演变过程，把握其协同发展的事实、主要特征、机制与存在的问题。

二、湖南省学生阳光体操节协同发展的现实基础

宏观的社会变迁、学校体育发展，以及相关体育政策的导向是湖南省学生阳光体操节协同理念蕴育的制度与环境基础。10余年来湖南省学生阳光体操节与我国社会变迁、青少年体育的蓬勃发展紧密联系，紧跟时代发展的步伐。

（一）社会变迁与湖南省学生阳光体操节的协同发展

2008年北京奥运会的成功举办，对我国的政治、经济和人民生活带来深远的影响。后奥运时代，我国的国际地位显著提升，世界开始了解到中国是一个文明、开放、团结和负责任的大国，同时也是具有强大组织、协同能力的国家。在此之后，我国国内的凝聚力、和谐程度得到了进一步的加强，人民的民族荣誉感和自豪感得到空前的增强。

我国人民的生活水平不断提升，人均富裕程度逐年加强。从2013年开始，连续6年，我国贫困人口实现了大幅度的减少，累计减少的贫困人口有8000多万，而且每年贫困人口减少的数量都在1000万以上。

湖南省受惠于国家发展的大好形势，2008年生产总值达到1.16万亿元，首次突破万亿大关。这一时期湖南省的体育事业蓬勃发展，在各类国际与国内大型体育比赛中取得了骄人的成绩，包括北京奥运会的3枚金牌，残奥会的2枚金牌、1枚银牌、1枚铜牌，同时获得了世界冠军5个、亚洲冠军4个和全国冠军39个。此外，体育场地设施建设得到进一步的加强，共计22032个，其中包括综合性的体育馆142个、室外运动场656个、各种训练房20352个，以及行政村新建的农民体育健身工程882个[①]。

截至2017年末，湖南省地区生产总值3.39万亿元；全省居民的收入水平大幅提高，人均可支配收入达到23103元，其中农村居民人均可支配收入达12936元，城镇居民可支配收入达33948元；消费支出方面，居民人均消费支出为17160元，这其中城镇居民人均消费为23163元，农村居民人均生活消费为11534元。经过十年的发展，湖南省的体育事业也取得了迅猛的发展，经常参加锻炼的人数多达2399.8万人，全民健身活动取得较好的发展。这也为湖南省学生阳光体操节的快速发展打下坚实基础。

（二）学校体育与湖南省学生阳光体操节的协同发展

2007年4月教育部、国家体育总局、共青团中央联合发起了切实推动全国

①湖南省统计局. 湖南省2008年国民经济和社会发展统计公报［EB/OL］.［2022-07-21］. http：//tjj.hunan.gov.cn/hntj/tjfx/tjgb/jjfzgb/201507/t20150718_4326846.html.

亿万学生体育锻炼热潮，吸引广大青少年学生走向操场、走进大自然、走到阳光下的“阳光体育运动”活动。同年，中共中央、国务院发布的7号文件再次强调“健康第一”的学校体育指导思想。近十年“健康第一”的思想依然是中国学校体育教育的发展指南，指引着全国学校体育工作的基本走向。

党的十八届三中全会首次明确提出“强化体育课和课外锻炼，促进青少年身心健康、体魄强健”的要求。学校体育纳入党中央全面深化改革的进程，说明学校体育工作是促进社会全面深化的重要议题之一。

2010年以前我国学生体质健康水平持续呈现下降趋势，2013年全国体质健康监测数据显示，我国学生体质健康水平虽有止跌，但仍未得到明显改善。近十年学校体质测试工作同样是各级学校重要的工作，各级学校通过体测，以测促评，积极提高我国学生的体质水平。2014年5月，教育部连续颁布了《学生体质健康监测评价办法》《中小学体育工作评估办法》和《学校体育工作年度报告办法》等系列文件，希望通过配套的工作评价机制，督促各地方和学校切实将学校体育工作执行到位。

2018年，在国务院的统筹下，教育部、国家卫生健康委员会、国家体育总局、财政部等八部委联合印发了《综合防控儿童青少年近视实施方案》，明确要求学校减轻学生学业负担。2018年12月，教育部部长陈宝生在全国学校体育美育工作贯彻落实全国教育大会精神推进会中指出“加强和改进学校体育工作，师（教师）生（学生）校（学校）家（家庭家长）社（全社会）五大主体，人（人员配备）财（经费投入）物（设施保障）时（课时安排）空（空间场地）五大条件缺一不可”①。

基于系列文件和政策要求，湖南省学生阳光体操节克服相关困难，持续开展。这也是湖南省学生阳光体操节对全国学校体育工作要求的切实、持续加强学生体质健康水平的积极响应。从赛事每年举办的时间来看，基本形成了在年度中段举办赛事的传统。从赛事举办的场地来看，湖南师范大学主要提供了比赛场地（表5-2）。

①坚持立德树人根本任务 不断开创新时代学校体育美育工作新局面 学校体育美育贯彻落实全国教育大会精神推进会暨全国青少年校园足球工作领导小组第四次会议召开［EB/OL］.［2022-12-12］. http：//www.moe.gov.cn/jyb_xwfb/gzdt_gzdt/moe_1485/201812/t20181212_363106.html.

表5-2　湖南省学生阳光体操节各年度比赛时间、地点统计表

年份	比赛时间	地点
2009 年	6月14日	湖南师范大学体育学院体操房
2010 年	6月5日	渔湾市天马创意城中心广场
2011 年	5月28—29日	湖南师范大学体育学院田径场
2012 年	5月25—27日	湖南师范大学体育学院综合馆
2013 年	6月1—2 日	湖南师范大学体育学院综合馆
2014 年	5月24—25日	湖南师范大学体育学院综合馆
2015 年	6月12—14 日	湖南师范大学体育学院综合馆
2016年	5月28—29日	湖南师范大学体育学院综合馆
2017年	5月28—29日第一阶段	湖南师范大学体育学院综合馆
	6月3—4日第二阶段	湖南师范大学体育学院综合馆
2018年	6月22—24日	湖南师范大学体育学院综合馆
2019年	5月24—26日	湖南师范大学体育学院综合馆

（三）体育文化与湖南省学生阳光体操节的协同发展

在北京奥运成功举办的激励下，以及在“校园阳光体育运动”和“全民健身”的推动下，全国掀起了积极参与体育锻炼的热潮并持续至今，由此也形成了独具中国特色的体育文化发展之路。

2016年10月“健康中国”的提出，充分说明了国家深刻认识到了全方位、全周期保障人民的身心健康尤为重要。从全局出发，形成政府主导、部门协同与全社会共同参与的发展格局。统计发现，目前我国经常参加体育锻炼的人口多达4亿。

由此可见，我国当前竞技体育发展依旧强劲，全民健身和体育产业的“短板”在不断补强，进入了均衡发展阶段。

从2016年湖南省有效积累和开发的全民锻炼场地和设备来看（基于《湖南省2016年国民经济和社会发展统计公报》），全省体育场地，达到12586个（其中，体育馆220座，运动场7296个，游泳池543个，各种训练房4527个）。充足的全民锻炼场地和设备，有效激发了全省居民体育锻炼的积极性，仅2016年湖南省统计的全省经常参加体育锻炼的体育人口数量就超过了2千万（达到2399.6万人）。

湖南省学生阳光体操节同样也坚持着体育转型发展的要求。以“锻炼学生、造就学生、成就学生”为理念。据统计，2010年仅851人、23支参赛队伍，到2018年达到6201人、187支参赛队伍，参赛人数和参赛队伍分别增长了6.2倍和7.1倍（表5–3）。

表5–3　2010—2018 年湖南省学生阳光体操节参赛人群分布情况统计表

人群类别	2010年			2011年			2012年		
	参赛队伍数	人数	人数所占比例	参赛队伍数	人数	人数所占比例	参赛队伍数	人数	人数所占比例
高校	16	764	89.8%	18	902	70.3%	15	786	56.4%
中学	5	50	5.9%	5	37	3.8%	10	214	15.3%
小学	1	23	2.7%	5	80	8.1%	11	264	18.9%
俱乐部	1	14	1.6%	10	175	17.8%	6	111	8.0%
幼儿园	0	0	0	0	0	0	1	19	1.4%
总计	23	851	100%	38	1194	100%	43	1394	100%
人群类别	2013年			2014年			2015年		
	参赛队伍数	人数	人数所占比例	参赛队伍数	人数	人数所占比例	参赛队伍数	人数	人数所占比例
高校	14	660	51.1%	21	729	50.9%	20	926	40.6%
中学	11	157	12.2%	11	138	8.9%	16	268	11.7%
小学	18	373	28.9%	29	452	32.9%	39	889	39.0%
俱乐部	8	102	7.8%	3	26	1.7%	13	199	8.7%
幼儿园	0	0	0	1	86	5.6%	0	0	0
总计	51	1292	100%	65	1431	100%	88	2282	100%
人群类别	2016年			2017年			2018年		
	参赛队伍数	人数	人数所占比例	参赛队伍数	人数	人数所占比例	参赛队伍数	人数	人数所占比例
高校	29	1361	36.4%	29	1385	28.8%	27	1544	25.0%
中学	22	390	17.2%	32	608	16.8%	31	806	13.0%
小学	33	855	33.4%	52	1459	42.3%	67	2895	46.7%
俱乐部	25	603	10.9%	38	620	8.0%	45	756	12.1%
幼儿园	3	47	2.1%	8	153	4.1%	13	200	3.2%
总计	112	3256	100%	159	4225	100%	183	6201	100%

从参赛涉及的全省区域来看，2009年仅为全省的一半（长沙、怀化、岳阳、益阳、永州5个地区），到2016年，参赛的地区涉及全省的所有11个地区（表5–4）。

表5–4　2009—2018 年湖南省学生阳光体操节参赛地区分布情况统计表

地区	2009年			2010年			2011年			2012年		
	参赛队伍数	人数	人数所占比例	参赛队伍数	人数	人数所占比例	参赛队伍数	人数	人数所占比例	参赛队伍数	人数	人数所占比例
长沙	4	308	82.8%	14	696	81.8%	22	812	71.2%	53	1135	83.2%
怀化	2	34	9.1%	2	45	5.3%	3	90	7.9%	3	74	5.4%
株洲	0	0	0%	1	23	2.7%	4	47	4.1%	2	64	4.7%
岳阳	1	12	3.2%	1	22	2.6%	1	55	4.8%	1	22	1.6%
衡阳	0	0	0%	0	0	0%	1	6	0.5%	1	19	1.4%
娄底	0	0	0%	1	10	1.1%	1	26	2.3%	0	0	0.0%
郴州	0	0	0%	0	0	0%	2	9	0.8%	1	26	1.9%
张家界	0	0	0%	1	5	0.6%	1	35	3.1%	1	15	1.1%
益阳	1	7	1.9%	0	0	0%	0	0	0.0%	0	0	0.0%
湘潭	0	0	0%	3	50	5.9%	4	61	5.3%	1	9	0.7%
永州	2	11	3.0%	0	0	0%	0	0	0.0%	0	0	0.0%
合计	10	372	100%	23	851	100%	39	1141	100%	63	1364	100%
地区	2013年			2014年			2015年			2016年		
	参赛队伍数	人数	人数所占比例	参赛队伍数	人数	人数所占比例	参赛队伍数	人数	人数所占比例	参赛队伍数	人数	人数所占比例
长沙	34	953	73.8%	47	1112	77.6%	70	1740	76.2%	83	2450	75.2%
怀化	5	152	11.8%	2	74	5.2%	4	149	6.5%	4	115	3.5%
株洲	4	66	5.1%	5	101	7.1%	4	71	3.1%	5	181	5.6%
岳阳	1	15	1.2%	1	23	1.6%	1	152	6.7%	3	109	3.3%
衡阳	2	21	1.6%	0	0	0	1	4	0.2%	3	62	1.9%
娄底	1	11	0.8%	0	0	0	0	0	0	2	25	0.8%
郴州	2	31	2.4%	0	0	0	1	16	0.7%	2	17	0.5%

（续表）

地区	2013年			2014年			2015年			2016年		
	参赛队伍数	人数	人数所占比例	参赛队伍数	人数	人数所占比例	参赛队伍数	人数	人数所占比例	参赛队伍数	人数	人数所占比例
张家界	1	11	0.8%	4	27	1.9%	1	44	1.9%	5	88	2.7%
益阳	1	32	2.5%	2	43	3%	3	71	3.1%	4	88	2.7%
湘潭	0	0	0	2	32	2.2%	2	26	1.2%	4	94	2.9%
永州	0	0	0	1	20	1.4%	1	9	0.4%	1	27	0.8%
合计	51	1292	100%	64	1432	100%	88	2282	100%	116	3256	100%
地区	2017年			2018年								
	参赛队伍数	人数	人数所占比例	参赛队伍数	人数	人数所占比例	—	—	—	—	—	—
长沙	112	3027	72%	139	5044	81.4%	—	—	—	—	—	—
怀化	3	77	1.9%	3	83	1.3%	—	—	—	—	—	—
株洲	10	295	7.0%	5	141	2.3%	—	—	—	—	—	—
岳阳	10	235	5.6%	15	326	5.3%	—	—	—	—	—	—
衡阳	4	92	2.2%	6	98	1.6%	—	—	—	—	—	—
娄底	1	28	0.7%	3	64	1.0%	—	—	—	—	—	—
郴州	4	77	1.8%	3	51	0.8%	—	—	—	—	—	—
张家界	4	52	1.2%	5	86	1.4%	—	—	—	—	—	—
益阳	4	92	2.2%	3	163	2.6%	—	—	—	—	—	—
湘潭	6	199	4.7%	4	113	1.8%	—	—	—	—	—	—
永州	1	31	0.7%	1	32	0.5%	—	—	—	—	—	—
合计	159	4205	100%	187	6201	100%	—	—	—	—	—	—

从赛事工作人员构成来看，本科生、研究生是主要的群体，湖南省学生阳光体操节为其提供了良好的实践平台，2013年有20名本科生；30名研究生参与了竞赛组织与裁判工作；2018年有61名本科生与60名研究生参加了竞赛组织工作（图5-1）。湖南省学生阳光体操节培养的组织人才在不断壮大，其中以湖南师范大学体育学院体操教研室体操类方向的学生为主。

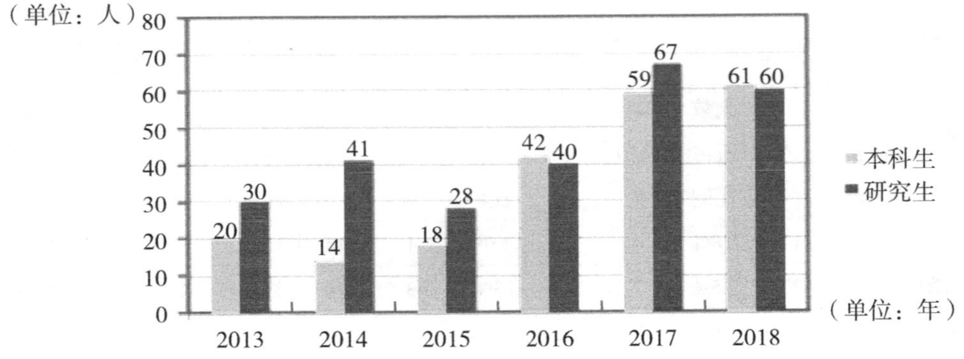

图5-1　参与湖南省学生阳光体操节的学生工作人员统计

三、湖南省学生阳光体操节协同发展的总体特征

（一）协同项目的大众性

湖南省学生阳光体操节协同项目的大众性，指的是设置项目主要为众多学生服务，而不是服务于少数群体，选择大多数学生喜爱的项目及平时学习生活中经常接触的内容。从2016—2018年湖南省学生阳光体操节各项目的参赛情况来看，健美操和啦啦操是大众性特点最为鲜明的项目，这两个项目在2016—2018年的参赛人数分别占了总人数的一半左右（见表5-5）。

表5-5　2013—2015年湖南省学生阳光体操节各项目参赛情况统计表

	2013年		2014年		2015年		2016年		2017年		2018年	
	赛次	人次	赛次	人次	赛次	人次	赛次	人次	赛次	人次	赛次	人次
竞技体操	—	154	—	148	—	158	—	141	—	135	—	0
健美操	122	559	136	798	120	684	119	677	139	953	175	1065
啦啦操	60	719	62	880	108	1546	115	1599	182	2572	229	3350
跳绳	—	—	126	355	92	183	87	128	170	294	462	515
体育舞蹈	37	75	0	0	113	188	107	1216	94	1904	239	2396
健康街舞与明星教练	27	27	20	30	0	0	0	0	0	0	0	0
节奏体语及排舞	0	0	0	0	0	0	0	0	7	40	0	0

湖南省学生阳光体操节的项目设置还考虑到了其与社会发展的适应程度，特别是与现代传媒的契合程度。处于文化消费时代背景下，只有传播介质愿意批量生产的、时尚的文化形态才能得以广泛和有效地传播。此外，湖南省学生阳光体操节项目设置还具有大众性的特点，它不完全局限于表现难度较大的特定项目，还有适合广大社会群体参与的内容，如体育舞蹈、排舞等。

（二）协同项目的多样性

湖南省学生阳光体操节项目最多时设置有10个大项，400余个小项。它与传统的体育单项竞赛只设置一项比赛不同，比之前举办过的“全国健康活力大赛”的项目还要多一些。这主要是因为湖南省体操类项目中多数项目的普及程度非常高，体操类多数小项发展也相对均衡，从而形成了多样化的项目协同状况。

（三）协同主体的多元性

从2014年开始，湖南省学生阳光体操节的组织主体变为湖南省学生体育协会主办、湖南师范大学体育学院承办、健操操艺术体操协会协办的多方关联主体，是政府、协会、学校协同管理的半官方模式。这种多元组织主体结构对赛事活动的发展来说，具有一定的优势，它有利于最大限度地发挥不同组织主体的能力。如政府主体，能在宏观层面有效指导赛事举办，协调与其他部门、事业单位的关系，是众多参赛学校和单位较为信任且具有约束效力的官方部门。协会主体，能在中观层面有效保证赛事的举办、公平性及延续性。学校主体，能在微观层面保障赛事的顺利进行，并且能尽可能地发挥专业学校的业务技能、专业人才、专业影响力等优势。

四、湖南省学生阳光体操节的协同机制

（一）运动项目间的协同

湖南省学生阳光体操节之所以能逐年壮大且良好运行十年之久，得益于所设置的各项目间具有较为明显的整体互融性。具体表现在：从项目内容上看，湖南省学生阳光体操节各项目均是体操类项目，而体操类项目又属于艺术体育。对美的要求，以及通过项目提升受众的美育能力均是湖南省学生阳光体操

节所追求的目标。此外，不同项目间还相互融通、借鉴与促进，如竞技体操的部分技巧内容是健美操、啦啦操成套难度和美感的基础。

从项目的评判方式上看，湖南省学生阳光体操节在保证各项目由领域专家整体把关的基础上，提倡业内相关专业人员进行协同评价，这是因为湖南省学生阳光体操节参赛人数较多，而裁判员相对不足，但鉴于体操类项目评价标准存在较多共性，这样的评判方式也成为了可能。《大众体操类项目评分综合调查研究》问卷调查的调研结果也反映了业内对于这一现象的认同，有84%（21人）的被调查教师认为湖南省学生阳光体操节的项目评价可根据项目特征总结共性与个性，统一共性评分标准并取其个性分别进行打分。

从人员情况来看，湖南省学生阳光体操节参赛的大部分裁判员、教练员及学生群体，都有体育教育或运动训练专业体操方向的背景，像啦啦操、排舞、节奏体语等项目在当前全国范围内还没有专门的人才培养平台和后备力量的情况下，几乎都是健美操方向的兼职教练和参赛学生，这为湖南省学生阳光体操节运动项目间的互融提供了人员保障。

（二）组织主体间的协同

湖南省学生阳光体操节所形成的政府、协会、学校协同管理的半官方模式对组织主体间的相互协同有明显作用。从外在结构上看，政府、协会、学校的三级协同管理表现为一种三角结构，在实际工作中这种结构能形成较为稳定的状态（图5-2）。例如，参赛队伍报名费用的收取一直是一个较为敏感的问题，协会和学校往往不宜参与其中。湖南省学生体育协会作为政府代表，能较为明确地指导报名费用收取方案的制订，避免违规和争议现象的发生。在比赛场地的问题上，作为学校方代表的湖南师范大学体育学院本没有长期免费提供比赛场地的义务，但如果赛事是代表政府的湖南省学生体育协会推荐的赛事，出于服从大局和服务于地方的角度，湖南师范大学体育学院会积极提供场地保证赛事长期顺利进行。

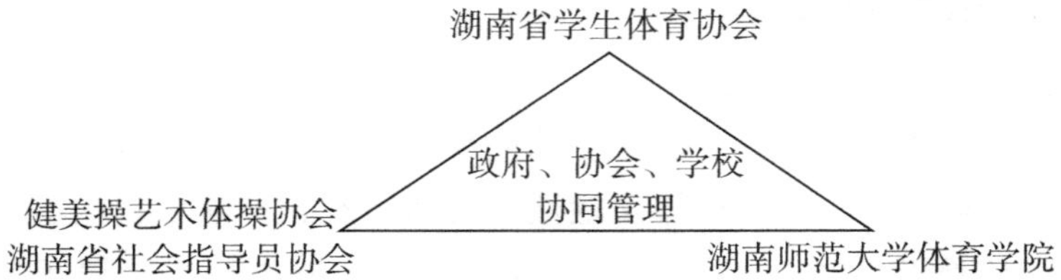

图5-2　湖南省学生阳光体操节组织主体间三角结构

从内在功能上看，前面提到过，湖南省学生体育协会能在宏观层面起到有效指导、协调相互关系、树立赛事权威等作用；健美操艺术体操协会、湖南省社会体育指导员协会能在中观层面起到保证赛事专业水平、确保公平公正的作用；湖南师范大学体育学院能在微观层面起到保障赛事组织、提供业务人才、发挥业内影响力等方面的作用。

从相互联系上看，湖南省学生体育协会、健美操艺术体操协会、湖南省社会体育指导员协会与湖南师范大学体育学院能保持不同层面、层次间的沟通，打通了从上到下、从下到上的沟通渠道，既能做好顶层设计，又能做好基层落实，是良好互支的有机结合。

（三）裁判间的协同

湖南省学生阳光体操节是基层综合性的体操类项目比赛，裁判员的选派主要是随队裁判员，即要求每个参赛队伍上报一名随队裁判，或者由组委会推荐裁判员。由于是多种体操类项目进行同场比赛，且在比赛期间裁判员不能随意更换，这就会出现一名裁判员需要执法多个比赛项目的情况，这就要求裁判员熟悉多个体操类运动项目的规则。为了能够更加客观公平地进行比赛，裁判员在评分的过程中往往根据体操类项目的共性特征进行相应的评判，这样能更加合理地进行评判。

五、湖南省学生阳光体操节协同发展面临的问题

湖南省学生阳光体操节的协同发展面临的问题主要表现为项目设置、主体参与程度、参赛对象类型、制度设计、组织管理与资源配置等方面不协调与不均衡，在目标行为与利益多元等方面并未达成长效一致。

（一）参赛对象来源与类型存在不平衡

湖南省学生阳光体操节的参赛主体集中在长沙及长沙周边地区，参赛人群多为大学生和小学生，中学生和俱乐部的参赛人员相对较少，其原因有：一是中学生课业及升学压力普遍较大，学校、家长及学生自身都无暇顾及此类活动，从而参赛意愿也相对低下，学生自身的重视程度也不太高；二是赛事的宣传不到位，社会知名度还不够高，从而使俱乐部这类社会机构还不太了解比赛

的相关内容，无法通过比赛来扩大自己的影响力，进而影响到消费者，因此比赛并没有产生较好的广告效应。

（二）制度要求与现实需求存在一定矛盾

2018年，教育部办公厅下发了《教育部办公厅关于规范管理面向基础教育领域开展的竞赛挂牌命名与表彰等活动的公告》，有意进一步规范管理基础教育领域的竞赛、挂牌、命名及表彰等活动等。此项规定在有效打击部分“非法社团”“域外集团”举办的营利性活动的同时，也在一定程度上给基础教育阶段的中小学校和幼儿园的（体育竞赛）活动开展带来一定的制约。而从近年来湖南省阳光体操节的参赛情况可以看出，幼儿园、小学参赛者逐步成为参与体育活动与竞赛的主力军，2018年小学参与人数达到了总体参赛人数的一半以上（占比51.2%），幼儿园参赛人数也在逐渐增加（占比3.7%），基础教育领域学校参与活动的需求非常强烈，加之近年来国家对于青少年体质健康的重视，体育锻炼风气已逐步形成，出台的相关制度要求有必要细化厘清，规避“误伤”，多鼓励开发有益于基础教育阶段学生参与的体育竞赛活动，从而进一步维护和保持“来之不易”的参与氛围和开展局面。

（三）赛事组织管理还有提高的空间

湖南省学生阳光体操节一般在每年的5月底至6月初举办，此时正好是一些学校安排重大活动的节点，因此会对学生参赛群体有一定影响，故而应该每年根据时间做好相应的前期安排。

另外，由于比赛地点多安排在湖南师范大学体育学院，这样会让比赛的新颖程度受到一定影响。此外，湖南师范大学体育学院体育馆附近住宿条件相对紧张，道路拥挤，每年比赛期间的住宿和出行压力都较大，这在一定程度上也影响了比赛的便捷性和舒适度。由于赛事的参与人数众多，对赛事各环节的相关安排会有更大的挑战，如难以安排颁奖环节，在对获奖学生的仪式感塑造上有所缺失。

（四）赛事资金渠道还有待进一步拓宽

资金是赛事能否正常开展的物质基础。每年湖南省学生阳光体操节的办赛资金均存在不足的情况，包括裁判员在内的诸多工作人员都只能领取到极少的补助，多数外地或距离较远的工作人员还要自掏腰包来参与赛事，长此以往势必会影响工作人员的参与热情和工作效率。

办赛资金相对缺乏的原因有：一是湖南省学生阳光体操节缺乏财政统一拨款，仅由湖南省学生体育协会进行拨款，很难满足赛事举办的各项开支；二是湖南省学生阳光体操节的业内认可度较高，但商业知名度却相对较小，还未开发出商业赞助，需要引起重视。

六、小结

湖南省学生阳光体操节是以突出项目竞赛协同平台、打造体育节庆文化元素而设置的综合性竞赛活动。协同项目主要包括竞技性体操与大众性体操类项目，如竞技体操、健美操、啦啦操、健康街舞等。管理模式为政府、协会、学校协同管理的半官方模式。湖南省学生阳光体操节的协同发展与我国的社会变迁、学校体育、体育文化的发展也有着密切联系。湖南省学生阳光体操节协同发展的总体特征表现为协同项目的大众性与多样性、协同主体的多元性，协同机制主要表现为运动项目间的协同、组织主体间的协同与裁判间的协同。湖南省学生阳光体操节协同发展存在的问题主要包括参赛对象来源与类型不平衡、制度要求与现实需求存在一定矛盾、赛事的组织管理还有提高的空间、赛事的资金渠道还有待进一步拓宽。因此，湖南省阳光体操节要在项目设置优化、管理主体协调及资源配置等方面形成合力，才能更好地促进这一平台的稳步发展。

第六章　我国体操类项目协同发展的实现策略

一、更新体操类项目协同发展的理念

理念是对事物的看法、思想、思维活动的成果。随着体操类运动的发展，以及人们日益增长的对体操类运动的现实需求，人们要逐步跳出传统的对竞技性体操的认识，更新与转变对体操类项目的认知与理解，才能更好地促进体操类运动的全面发展与适时进步。逐步更新与转变对体操类项目的认知是促进其协同发展的重要思维基础。

一是认知理念的更新与转变。从单一的对竞技性体操的认知，逐步转变为竞技性体操与大众性体操多元发展的新理念。首先，体操运动一开始就不仅仅表现为竞技性体操这一种类型，它与人们的生活与生产有着紧密的联系，是人们日常生活的重要组成部分。体操来源于人们的日常生活，如体操运动中的各种腾跃、滚翻、操化表演等，许多都是从日常生活中演化而来，或加入了艺术化的表演。其次，从体操运动发展的历程来看，体操类运动是逐步发展的，而且其项目的内容具有发展性，如竞技体操、技巧运动、蹦床运动、艺术体操、健美操、啦啦操等，这些项目均是在发展的过程中被逐步纳入体操类项目的，体操类项目的内容呈一种动态发展之势。最后，就目前体操类项目的内容而言，体操类项目已成为内含多种运动项目的综合体，如竞技体操、技巧运动、健美操、基本体操、啦啦操等，这些项目均属于体操类项目，从未来发展的趋势看，体操类项目的发展必然紧跟时代发展的步伐，未来还会有更多的具有相同运动属性的项目被纳入到体操类项目中。因此，要做到体操类项目认知理念的更新与转变要逐步打破体操仅指竞技体操的狭隘视域，而是要把体操类项目的认知视域扩展到广义体操的范畴，将具有体操类项目基本运动属性的运动项目均纳入体操类项目的范畴，这样才能更加有效地促进体操类项目的全面、均衡发展。

二是价值理念的更新与转变。从以传统的竞技体操比赛与表演为主，逐渐向竞技体操比赛、表演与全民健身相融合的整体价值观念转变。说到体操，人们的印象主要停留在传统的自由体操、单杠、双杠、跳马与平衡木等竞技体操上，要进行高水平的比赛与表演，普通大众几乎很难接触到，而有关健身的基本体操、韵律体操、啦啦操、广场舞等十分常见的运动，则常常被人们忽略，往往也难以和体操类项目联系在一起。因此，针对体操类项目的价值理念，要从其竞技价值、商业价值与健身价值等方面进行深刻地认识。首先，在竞技价值方面，体操类项目作为我国奥运会的传统优势项目，一定要保持好现有的领先地位，为国家争得荣誉；其次，商业价值方面，体操类项目的发展逐渐走向社会化与市场化是其必然趋势，要通过市场与社会的资源来助推体操类运动的发展，这也是保证其可持续发展的重要基础，注重竞技体操比赛、商业表演、推广普及等商业价值的开发，是体操类项目发展的重要举措；最后，健身价值方面，随着全民健身运动的开展，体操已成为全民健身活动中不可或缺的重要内容，如广场舞、排舞、健身操、啦啦操等运动已经成为各级各类人群喜爱的运动项目。可见，体操类运动的价值要逐步突破竞技性这一狭隘视域，实现竞技性与大众性的均衡发展，以及逐步促进其商业价值与健身价值的开发，这是扩大项目推广的基础工程，也是实现体操类项目本体价值与功能的现实基础。

三是发展理念的更新与转变。从单一的“举国体制”模式，逐渐向多元的政府主导、体育社会组织实施与市场导向的新型发展理念转变。2016年5月，《体育发展“十三五”规划》指出要创新发展，充分激发各类主体的创新活力，积极推进理论创新、制度创新、科技创新、文化创新，推动体育领域“大众创业、万众创新”，探索体育发展新模式，促进体育事业与体育产业协调发展、群众体育与竞技体育全面协调发展。因此，体操类项目发展理念的更新主要表现为发展主体、发展制度与发展模式的理念更新。首先，在发展主体方面，逐步由行政主导的单一模式，向体育与教育行政部门、体育社会组织与市场主体等多元发展的模式转变，积极形成有效合力，促进体操类运动的发展；其次，在发展制度方面，制度是保障体操类项目发展的法律依据，是保障其科学与规范发展的现实基础。制度方面要逐步完善，需要制定科学合理的体育与教育部门监管制度、体育社会组织管理制度与市场监督制度等，保证体操类项目推广与普及的过程中有法可依与有章可循；最后，在发展模式方面，逐步实现行政模式、社会模式与市场模式的多元发展，在人才培养、商业开发、全民健身等方面形成不同的模式，积极发展社会力量夯实体操类运动的基础工程，优化行政力量促进体操人才的培养，运用市场机制促进体操类项目的市场化，充分发挥各自优势并形成合力，促进体操类项目的协同发展。

二、创新体操类项目协同发展的制度

推进体操类项目发展的制度创新，使制度科学化与规范化，是实现项目协同发展的制度基础与根本保障。体操类项目发展的制度创新要从制度内容、管理主体与制度设计等方面进行创新，从而有效促进体操类项目的持续发展。

一是制度内容的创新。竞技性体操在“举国体制”的模式下，取得了辉煌的成绩，达到世界领先水平。但是，相较于竞技性体操，大众性体操一直是自主的发展方式，资源配置相对受限，主要依赖于社会与市场的协调机制，在探索中不断前行。因此，体操类项目的发展要在制度上突破现有的壁垒，把各种有效资源通过制度有效地衔接起来，共同助推体操类项目的发展。首先，要健全不同类型体操类项目的管理制度，无论是竞技性体操，还是大众性体操，主要表现为要逐步突破原有体制的束缚，形成科学的宏观引导机制，而有关市场的管理制度也要逐步健全与完善，明确与规范市场的管理，形成有序的市场秩序。其次，管理制度要进一步细化与明晰，在权力与职责、任务与目标等方面，形成有效的衔接机制与促进机制，把权力关进制度的笼子，以及将权力与职责进行有效配置，形成合理的管理制度与执行机制，保障体操类项目的发展有法可依、有章可循。因此，在管理制度创新方面，要形成具有时效性与实用性的制度，把制度创新与设计作为引导其发展的重要组成部分，这也是实现其科学与稳定发展的基础保障。

二是管理主体的创新。体操类运动主要是由体育与教育行政部门进行宏观管理，体操类协会或社会组织相互协助并共同助推，形成了具有一定行政色彩的管理机制。就目前而言，体操类项目主要依赖于行政性的管理主体，如体育与教育等的行政部门，而社会化与市场化的发展相对受到一定的限制。因此，体操类项目要形成多元主体协同发展的新局面。首先，体育与教育行政部门要协同发展，充分发挥其在各自领域的行政资源，在体操进校园、全民健身等方面，努力利用自身的资源，促进体操类项目的推广与普及；其次，体操类体育社会组织要充分利用社会与市场的有效资源，积极引入社会资本来发展体操类项目，把体操类项目的发展逐渐推向社会化与市场化，以不断满足人们对体操类运动的需求，适应时代与市场经济发展的要求，激发体操类项目发展的活力，夯实体操类项目发展的基础工程；最后，行政部门与体育社会组织之间要协同发展，在制度结构体系与制度设计过程中，各种主体之间的关系要衔接好，充分发挥各主体的资源优势，以及利用各主体的结构属性与职能权力，助推体操类项目的推广与普及。体操类项目是多元协作型的管理主体，各主体之间的关系与职责一定要有效衔接，保证各项事宜有效运作，使各主体之间形成一种正向的引导、监督与管理机制，这样才能有效保障体操类项目的高效推广与普及。

三是制度设计的创新。制度设计是体操类项目发展的指南针，对体操类项目的长远发展与可持续发展具有重要的引导价值。一直以来体操类项目的发展以竞技体操为主，以金牌为导向，争金夺银是发展的重要目标。但是，随着全面建成小康社会、健康中国与全民健身的推进，体操类项目已成为这其中不可或缺的部分，深入各级各类人群，如体操进校园、啦啦操进校园、排舞与广场舞进社区等活动的开展，让体操类项目的发展不仅仅局限于争金夺银，健身价值逐渐突显。因此，体操类项目在制度设计方面要逐步从过去的金牌导向向竞技性与健身性协同发展的客观现实转变。首先，顶层制度设计要把体操类运动的竞技性与健身性摆在相同的高度，体操类运动的竞技性一直也是体操类运动的精华，而体操类运动所呈现的健身性，也是其基础发展与适应时代发展不可或缺的组成部分，体操类运动只有实现竞技性与健身性的融合，才能在高精尖与基础人才培养等方面形成有效的衔接，保证人才梯队的建设与持续发展；其次，基础性制度设计要在行政资源、社会资源与市场资源配置等方面形成竞技性体操与大众性体操相互协调的制度体系，使各种资源能得到均衡与高效地利用，弥补各项目政策资源上的不足。

三、强化体操类项目协同发展的治理

奥利弗（Oliver E.）提出，治理是组织模式，治理结构就是制度框架。罗兹（R.Rhodes）认为治理包括国家管理的治理、公司管理的治理、新公共管理的治理、善治的治理、社会控制体系的治理、自组织网络的治理。皮埃尔（Pierre）认为治理没有确切定义，是政府、非政府、企业和社会组织的活动。肯尼思·华不兹（Kenneth N.Waltz）认为，治理就是权力均势，治理在一定意义上就是秩序加某种意向。贝亚特（Beate）指出，治理的本质是做出有约束力的决定[①]。星野昭吉将治理分为平行治理和垂直治理两种情况，平行治理意味着平等和合作，垂直治理则构成了不平等和两极对立。体操类项目的治理要从治理主体、治理结构、治理方式与治理效果等方面进行深入考察。

①WALTZ, KENNETH N. Political Scientists and Historians in Search of the Bomb [J]. Journal of Strategic Studies, 2013, 36 (1): 143-151.

一是治理主体，要从单一走向多元。近代体操发展经历了清末、民国时期、计划经济时期与社会主义市场经济时期四个阶段。治理主体经历了统治者—政府组织—过渡机构的演变历程，体现出从单一到多元的发展趋势。在社会主义市场经济与体育事业深化改革的背景下，体操治理主体要从政协同构的项目中心向行业协会转变，最终体操协会与国家体育总局在机构、职能、人员、财产等方面全面脱钩，真正成为体操项目的治理主体。要大力培育市场组织、社会组织与地方协会，最终形成协会自主、社会参与、教育结合、市场投入、政府保障的多元主体共同治理格局（图6-1）。

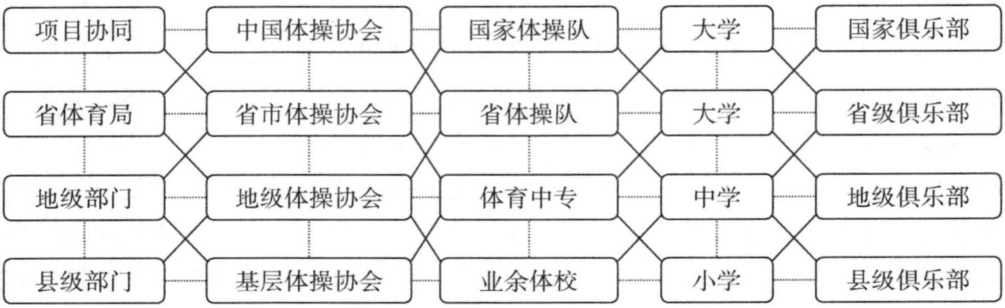

图6-1　新时期体操项目多元主体共同治理结构

二是治理结构从垂直走向扁平。从不同时期体操治理结构来看，体操类项目的治理经历了断裂的垂直统治结构—准现代意义的科层治理结构—中央高度集权的垂直治理结构—政协同构的中心治理结构的演变历程。从新公共管理基本原理来看，我国近代体操治理结构体现出高度集权到相对分权的发展趋势。但是，目前垂直化政府治理结构所形成的强大行政壁垒难以回应市场经济各种要素资源横向流动的时代诉求，不适应性日益凸显。要加快体操项目协会实体化改革进程，搭建完善的外部治理结构，体操为奥运优势项目，肩负奥运争光的重要使命，要在保证重点发展的同时，逐渐让渡政府职能，培育体操协会自理能力，加大力度建设地方体操协会，扶植社会青少年体操俱乐部，培育体操市场，推进快乐体操普及工作，制定政策引导体操在大、中、小、幼各级学校开展，形成体育、教育、社会、市场相互融合、相互合作与相互协同的网络治理结构（图6-1）。

三是治理方式，从管理走向治理。从体操的不同治理阶段来看，皇权统治下，统治者个人意志是兵操治理的主要依据，后来教育现代化刚刚起步，此阶段学校体操治理带有强烈的行政管控色彩。中华人民共和国成立后，采取的是中央高度集权的指令性计划管控方式，政府对体操的干预较强，社会主义市场经济体制下，采取政协同构的中心管理模式，体操中心集政府、事业单位、协会、市场四位于一体，治理方式也是四位一体，身份冲突、角色矛盾，质疑声四起。从治理方式演变过程来看，总体呈现出从统治到管控、从管控到管理、从人治到法治、从集权到民主的发展趋势。结合国家治理体系与治理能力现代化的发展趋势，随着政府职能的转移，要发挥体操协会的功能，改变一贯的行政工作思维，按照协会工作机制，会员平等参与重大事项决策，按照会员合意与多边契约对体操项目进行治理，完善体操协会章程与行约行规，完善国家立法与行业立法，逐渐把体操项目的治理工作引向契约化、民主化、法治化与科学化的发展轨道。

四是治理效果，从局部走向整体。回顾我国近代体操类项目的发展历程，发现体操类项目治理模式变迁反映了一个基本的逻辑：治理制度选择与设计高度依赖其在宏观战略上所扮演的角色，体操治理模式始终受制于国家对体操运动不同功能的需求。清朝时期，清政府利用兵操操练新军，主要目的是强军，体操作为一项主要练兵手段，在一定程度上推动了传统军队的现代化发展。到了民国时期，民国政府当时提出了“五育”教育目标及军国民教育思想，体操成了实现教育目标的重要载体，并在培养社会新民中起到了非常重要的作用，中华人民共和国成立后，毛泽东提出“发展体育运动，增强人民体质”，学校体操蓬勃发展。20世纪90年代“奥运争光计划”提出后，竞技体操在短时间内实现了跨越式发展，并在世界体坛中取得了非常好的成绩。随着我国社会经济转型，体操管理中心成立，体操管理中心与体操协会同构，项目管理中心以完成国家体育总局的奥运战略作为工作重心，我国竞技体操水平再次得以提升，成为名副其实的体操大国。但同时也暴露出人才培养、大众参与、市场发展、学校体操等基础性工作严重滞后的问题，制约了竞技体操的可持续发展。根据我国体操治理的历史经验，要改变政府包办的局面，改变金牌至上的政绩观，逐渐把体操项目治理权交还给协会，充分发挥协会自治功能，按照体操项目自身发展规律，整体规划布局，系统谋划工作，才能实现项目的可持续发展。

四、优化体操类项目协同发展的资源

资源是个体或组织拥有的物力、财力、人力等各种物质要素的总称。积极吸纳社会资本发展体育事业、促进公共体育服务事业的发展，成为近年来体育发展的重要举措。因此，整合各类资源促进体操类项目的发展是时代的需要。就目前而言，促进体操类项目发展的各类资源包括行政资源、社会资源与市场资源。如何合理优化利用这些资源对促进体操类项目的协同发展具有重要价值。

一是行政资源。行政资源是具有行政权威、宏观调控与政策导向的资源。在计划经济时期行政资源在体操类项目发展的过程中发挥着主导作用，主导体操类项目的发展。随着社会主义市场经济的发展，行政资源在体操类项目的发展中主要发挥宏观调控的作用，社会资源与市场资源逐渐占据一定的比例。随着社会主义市场经济的深入发展与改革开放的不断深入，行政资源在助推体操类项目发展的过程中，要逐步从具体的事物中分离出来，发挥宏观调控与引导作用。首先，在行政主体与体育社会组织管理机制方面，深入贯彻管办分离与政社、政企分开等举措，充分利用行政资源的宏观调控作用，引导体操类项目的发展；其次，行政资源要充分发挥自身的政策导向性与权威性，在政策导向、资源配置、资源供给等方面科学、合理地进行调控，保证资源的有效与高效利用；最后，提供行政资源的各机构之间要相互协作，如体育行政部门与教育行政部门、上级与下级等，更好地利用资源。因此，行政资源在体操类项目的发展过程中，要充分发挥领头羊与主导者的作用，积极有效统筹各类社会资源与市场资源，形成合力与不断优化配置，以促进体操类项目的高效发展。

二是社会资源。走社会化与市场化之路是体操类项目未来发展的必然趋势，也是激发体操类项目发展活力的重要途径。随着社会主义市场经济的深入发展，社会资源在体操类项目的发展过程中发挥着越来越重要的作用，成为了助力其推广普及的重要力量。促进体操类项目发展的主体主要包括各种体育社会组织与协会，以及事业单位等，如中国体操协会、全国啦啦操委员会、排舞广场舞推广委员、各级各类大中小学校与幼儿园等，要充分发挥这些资源的优势。首先，在资源结构方面，要不断拓宽各类社会资源，如成立各级社团组织，形成以点带面的发展模式，不断吸引各级各类学校参与体操类项目的发展，深入贯彻落实体操进校园等基础工程；其次，资源主体方面，要充分利用主体的灵活性以及与主体所连结的社会资源，很多体操类社团或是企事业单位的负责人有良好的资源，要充分利用这些资源，助推体操类项目的发展；最后，在资源的应用方面，体育社会组织或事业单位均是具有独立法人机构的组织，在市场推广方面具有较强的灵活性，在助推体操类项目发展的过程中要充分发挥其灵活性，促进体操类项目的发展。

三是市场资源。市场资源是指个体或组织所控制或拥有的与市场密切相关的资源要素。2014年12月，国务院46号文件指出："要发挥市场作用，遵循产业发展规律，完善市场机制，积极培育多元市场主体，吸引社会资本参与，充分调动全社会积极性与创造力，提供适应群众需求、丰富多样的产品和服务。”促进体操类项目的市场化与产业化发展，不仅是时代的需求，也是现实的需要。体操类项目的发展要根据市场需求与人民需要提供各类资源。首先，体操类项目的发展应根据全面建成小康社会、健康中国、全面健身计划等国家工程的迫切需要，在项目推广、赛事设置、表演服务等方面，积极开拓市场资源，以满足社会与市场的需要；其次，体操类项目发展要在其产品的市场开发方面积极拓展，体操类项目产品的开发包括文化产品、赛事产品、健身产品，以及各种培训与服务等，逐步丰富这类产品，拓宽其市场，形成产品的品牌效应；最后，体操类项目的市场开发要形成供给侧与需求侧的协同机制，即根据需求提供相应的产品与服务，这样才能使产品的生产与服务符合市场的规律，适应时代与社会的发展。可见，体操类项目市场资源的开发要在产品需求、产品资源与供需等方面形成适应时代与市场发展的机制，逐步推进体操类项目的市场化发展，为全民健身事业的发展贡献力量。

五、构建体操类项目的四级竞赛体系

国家体育总局体操中心、项目协会和教育部学生体协的项目协会共同构建起体操类项目四级竞赛体系，即区县级、市级、省级、国家级四个层级竞赛体系（图6-2），以促进项目的可持续发展。建立体育系统和教育系统互认的裁判员等级制度、运动员等级制度、运动员等级训练大纲、竞赛分级制度、竞赛资格制度、竞赛奖励制度、竞赛活动评价制度和赛风赛纪制度。

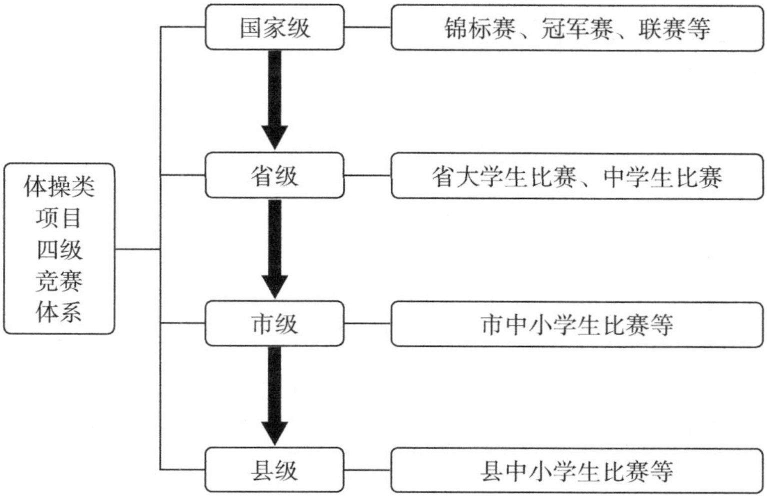

图6-2　体操类项目四级竞赛体系

构建体操类项目四级竞赛体系的目的是要形成一个科学、合理的赛事体系，使每一级赛事都有保障机制。建立脱离部门利益的跨部门、高规格的协调机构，统筹体操类项目的赛事安排，加强体操中心、教育部和各级体育协会的相互协作，共同推进竞赛体系顶层设计，建设一系列高水平、高质量、高强度的赛事平台。我国应在有限的财力、物力、人力条件下，充分整合各方资源，建立合作共享机制，为各年龄段的运动员尽可能多地创造比赛机会。如区级教育部门可与辖区内有空置场地的体育运动学校、无赛事的大型体育场馆建立合作关系，学校可利用其优质的场地设施组织课后训练、兴趣社团、周末赛事。

六、融入体育强国与健康中国的目标

“体育强、中国强”的内涵是体育强国助力中国梦的实现，体育强国包括竞技体育占据国际体坛前列、群众体育的规模和质量逐步提高、人民健康水平不断提高。竞技性体操与大众性体操是体操类项目发展的两翼（图6–3），要均衡发展。这里的均衡发展从宏观层面说，是指体操类项目的普及与提高要协调发展，各地方要均衡发展；从中观层面说项目的人才梯队建设要均衡布局；从微观层面说，竞技性体操项目的人才培养要从娃娃抓起。譬如，浙江省幼儿体操的发展模式成了全国群众体育发展的品牌。

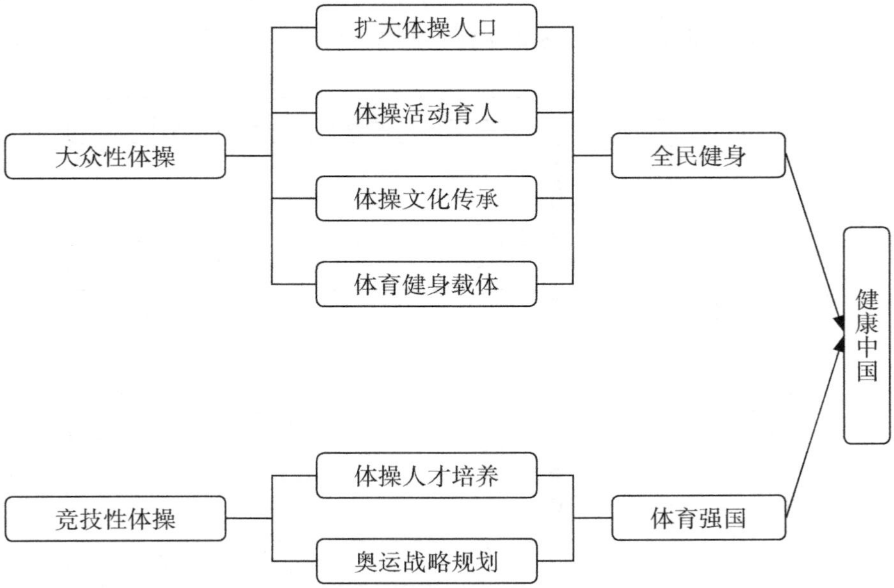

图6–3 体操类项目发展与健康中国建设

在加快体育强国建设的进程中，竞技性体操等传统优势项目需要继续保持强劲的发展动力。新时期竞技性体操的发展需要转变观念和实现动力转型升级，不仅涉及管理体制的改革，还涉及对传统体育管理方式的反思和创新，既要下决心改革，又要创新改革战略，把握改革的力度和速度。以“普及”和“提高”的方式推进竞技体操社会化和市场化；引导社会力量和一切潜在资源重点推进体操项目，提高项目的社会意识，提高社会参与体操项目的水平，促进体操项目的可持续发展。

七、小结

随着全面建设社会主义现代化强国的深入推进，以及健康中国与全民健身计划的贯彻实施，体操类项目的发展既伴随着机遇，又面临着挑战。新时代体操类项目的协同发展要在更新理念、创新制度、强化治理、优化资源、赛事体系建构与目标融合等方面形成合力，才能更好地促进体操类项目的协同发展。体操类项目的协同发展需要不断明晰其管理主体的职能与责权利益，促进项目结构优化与均衡，以及管理制度的科学与规范，形成同时代与社会发展相适应的运行机制。新时代体操类项目的协同发展需要根据现实要求，形成与人民需求相适应的发展机制，在体操类项目结构、市场开发、价值功能等方面形成科学合理的内在机制，逐步促进体操类项目的良性发展。因此，体操类项目的协同发展是整个运行体系的协同发展，各参与主体与客体应形成合力，共同助推体操类项目的发展。

第七章　结论与建议

一、结论

体操的内涵突破了以基本体操与竞技性体操为主的历史视域，从以发展“强身心、悦身心、美身心”为主的结构性视域出发，不仅是推动体操运动从“高、精、尖”走向“水平高、民众亲”的重要思路，也是体操运动本体发展突破动作结构、表现形式现有瓶颈的重要举措。体操的内涵源于竞技性，宽于大众性，形成了竞技性体操与大众性体操双轨发展与相互促进的新局面。内涵属性表达的身心协同，外延结构表达的发展协同，价值理性表达的效益协同，是体操类项目协同发展的本质基础。转变体操的主体认知系统，延展体操的客体对象系统，是体操类项目协同发展的实践旨归。

我国体操类项目的发展经历了从无到有、从小到大、从弱到强的历程，竞技性项目与大众性项目经历了从分离到并行再到融合的过程。体操类项目协同发展的存在样态表现为组织主体的协同、联动性的赛事活动平台、互助式的推广普及模式与合作性的组织管理体制。其动因机理表现为健康中国与体育强国战略的宏观推动，以及体操人才培养与体操普及的微观诉求，体操管理制度与资源配置的结构转变，体操治理主体与参与主体的利益驱动。面临的困境包括竞技性体操发展面临的时代冲突，大众性体操与竞技性体操发展的失衡，以及管理主体的角色冲突。

兴强扶弱、项目互动与主体互支是体操类项目协同发展的基本原则；动作内容属性呈现的同质性与管理主体呈现的同构性，以及解决发展面临的现实问题是推动体操类项目协同发展的主要现实依据；管理机构、发展方式、运行过程的协同发展是其整体构想；项间协同、内外协同、纵横协同、竞赛协同与校社协同是其主要的呈现方式。

湖南省学生阳光体操节的组织管理采用政府、协会、学校协同管理的模式；总体特征表现为协同项目的大众性与多样性，协同主体的多元性；运行机制表现为运动项目间的协同、组织主体间的协同与裁判员的协同。协同发展存在的问题表现为个别项目的发展水平存在差异、参赛对象来源与类型不平衡等，赛事的组织管理仍有提高的空间，赛事的资金渠道有待进一步拓宽。

体操类项目的协同发展要在更新理念、创新制度、强化治理、优化资源、赛事建构与目标融入等方面形成合力，才能更好地促进体操类项目的协同发展。体操类项目的协同发展需要不断明晰管理主体的职能与责权利益，促进项目结构的优化与均衡及管理制度的科学与规范，形成同时代与社会发展相适应的运行机制。

二、建议

体操类运动作为健康中国与全民健身战略的重要组成部分，深入学校、社区等各级各类人群，如健美操、啦啦操、广场舞、排舞等均成为广受人们青睐的运动。其促进我国现代体操由健身心向强身心的升级与转型发展，在人们对美好生活向往的过程中发挥了保健康基础效应的作用，加大了竞技性体操后备人才培养力度，是实现体操运动在全面建成小康社会中的“育体、育心”价值，以及体育大国走向体育强国的理性追求。

随着体育强国战略与政府购买公共体育服务工作的推进，以及体操类项目市场化与社会化的逐步深入发展，体操类项目的协同发展要结合自身实际，积极利用社会资本促进自身的推广与普及，力争突破原有束缚与藩篱，把体操类运动真正推向社会，融入市场，满足社会与时代发展的需要。

体操类项目协同发展要逐步实现治理资源的纵向衔接和社会与市场资源横向拓宽的管理模式。一是通过打造共同的赛事或表演平台，把不同体操类项目的比赛或表演置于同一个平台，实现共同发展；二是建立行政性管理机构与民间性体育社团组织的合作平台，由管理向合作与服务转变。由此促进体操类项目的全面推广与普及，逐步实现均衡发展，力争夯实体操类运动人才培养的基础工程，发挥体操类运动在全民健身中的重要作用。

体操类项目的协同发展需要根据体育产业发展、健康中国与全民健身计划的基本要求，形成与人民需求相适应的发展机制，在体操类项目内容结构、市场开发、价值功能等方面，形成科学合理的内在机制，逐步促进体操类项目的良性发展。体操类项目的协同发展是整个运行体系的协同发展，各参与主体与客体应形成积极的合力，共同助推体操类项目的发展。

参考文献

一、著作类

［1］曾健，张一方. 社会协同学［M］. 北京：科学出版社，2000：112–118.

［2］王贵友. 从混沌到有序：协同学简介［M］. 武汉：湖北人民出版社，1987：65–69.

［3］赫尔曼·哈肯. 协同学［M］. 凌复华，译. 上海：上海译文出版社，2013：56–62.

［4］齐艳芬. 多元协同网络视角下的城市公共服务供给［M］. 天津：天津大学出版社，2017：34–41.

［5］黄磊. 协同论历史哲学［M］. 北京：中国社会科学出版社，2012：112–119.

［6］迈克尔·希特，斯图尔特·布莱克，莱曼·波特. 管理学［M］. 徐二明，译. 北京：中国人民大学出版社，2018：122–136.

［7］李海峰，张莹. 管理学：原理与实务［M］. 长沙：人民邮电出版社，2018：45–50.

［8］张会平. 协作知识建构视角下虚拟社会管理创新［M］. 北京：科学出版社，2016：26–29.

［9］社会学概论编写组. 社会学概论［M］. 天津：天津人民出版社，1984：231–241.

［10］李振基，等. 生态学［M］. 北京：科学出版社，2004：96–102.

［11］孔繁德. 生态学基础［M］. 长沙：中国环境科学出版社，2006：165–171.

［12］张正春，王勋陵，安黎哲，等. 中国生态学［M］. 兰州：兰州大学出版社，2003：112–121.

［13］周三多. 管理学原理［M］. 北京：高等教育出版社，2018：36–41.

［14］王汉清. 逻辑学［M］. 北京：机械工业出版社，2003：96–99.

［15］MANUEL C.MOLLES，JR.生态学：概念与应用［M］. 北京：科学出版社，2000：56-67.

［16］大卫·布林尼. 生态学［M］. 上海生活·读书·新知三联书店，2003：123-129.

［17］童昭岗. 体操［M］. 北京：高等教育出版社，2010：35-40.

［18］体育院、系教材编审委员会《体操》编写组. 体操［M］. 北京：人民体育出版社，1985：45-51.

［19］黄宽柔. 健美操［M］. 北京：高等教育出版社，2008：34-40.

［20］沈芝萍，王瑞玉. 艺术体操［M］. 北京：北京体育大学出版社，2004：36-42.

［21］大辞海·哲学卷［M］. 上海：上海辞书出版社，2003：35.

［22］关老健. 普通形式逻辑［M］. 广州：中山大学出版社，2002：162.

［23］陈镇华，陆恩淳，李世铭. 中国体操运动史［M］. 武汉：武汉出版社，1990：73.

［24］徐锦中. 逻辑学［M］. 天津：天津大学出版社，2001：38.

［25］吴维铭. 中国学校体操历史与发展研究［M］. 北京：北京体育大学出版社，2007：17.

［26］中国社会科学院语言研究所词典编辑室. 现代汉语词典［M］. 第五版. 北京：商务印书馆，2007：1341.

［27］赫尔曼·哈肯. 协同学——大自然构成的奥秘［M］. 凌复华，译. 上海：译文出版社，2001：16-19.

［28］中国社会科学院语言研究所词典编辑室. 现代汉语词典（增补版）［M］. 北京：商务印书馆，2002：229.

［29］Brad R. Humphries，Dennis R. Howard. The Business of Sports，Volume 1，Perspectives on the Sports Industry［M］. Praeger，Westport，2008：89-90.

［30］Charles A. Bucher. Foundations of physical education［M］. New York：The C.V.Mosby Company，1975：78-79.

［31］Mabel Lee.A History of physical education and sports in the USA［M］. New York：John Wiley&Sons，1983：65-68.

［32］James R.Brown. Teaching and Coaching Gymnastics for Men and Women［M］. New York：John Wiley&Sons，1980：14.

［33］陈镇华，陆恩淳，李世铭. 中国体操运动史［M］. 武汉：武汉出版社，1990：327-328.

[34] 王华倬.中国近现代体育课程史论 [M]. 北京：高等教育出版社，2004：148.

二、期刊类

[1] 何俊. 里约奥运会中国体操队失利分析及备战东京奥运会对策 [J]. 体育科学，2017，37（4）：87-97.
[2] 李贵庆，王岗，杨继美. 对我国竞技体操保持长盛不衰的理性思考 [J]. 北京体育大学学报，2017，40（10）：30-38.
[3] 彭召方，李佐惠，袁玲，等. 中国体操竞技实力移位现象探究 [J]. 中国体育科技，2017，53（3）：93-99.
[4] 王恒，薛婧. 18世纪末至20世纪初丹麦体操的历史演进与发展 [J]. 成都体育学院学报，2017，43（1）：55-62.
[5] 徐玉娟. 东京奥运周期我国体操发展对策 [J]. 体育文化导刊，2017（4）：89-92.
[6] 方奇，周建社. 基于学校场域下艺术体育的演进及趋势研究 [J]. 成都体育学院学报，2018，44（4）：103-108.
[7] 王之春，贾远清，骆意. 美国学校体操发展经验及对我国学校体操的启示 [J]. 南京体育学院学报（自然科学版），2017，16（2）：78-81.
[8] 吝博. 世界体操节举办盛况对我国体操项目发展的启示 [J]. 体育科技文献通报，2012，20（7）：83-84.
[9] 王银晖. 全面建成小康社会目标下我国体育文化的多维发展 [J]. 河北体育学院学报，2013，27（6）：37-40.
[10] 伍天慧，谭兆风. 全面建设小康阶段社会体育发展的社会学视角 [J]. 体育与科学，2004，25（1）：40-49.
[11] 姜卫芬，金宗强. 全面建设小康社会目标状态下中国休闲体育主体产业发展对策研究 [J]. 南京体育学院学报，2010，24（1）：49-56.
[12] 田雨普，刘闵航，冉令华. 全面建设小康社会农民体育发展战略研究 [J]. 体育文化导刊，2007（10）：7-10.
[13] 王建国. 全面建设小康社会中的体育定位 [J]. 沈阳体育学院学报，2005，24（5）：36-37.
[14] 张传来. 全面小康社会进程中体育生活方式的探讨 [J]. 山东体育科技，2006，28（3）：47-49.

[15] 王凯珍. 全面小康与城市社区体育发展 [J]. 安徽体育科技，2003，24（4）：10-11.

[16] 景志辉，吕志刚. 试论全面建设小康社会对休闲体育产业的影响 [J]. 武汉体育学院，2004，38（4）：7-9.

[17] 马岳良. 体育文化在全面建设小康社会中的价值 [J]. 体育学刊，2004，11（2）：24-26.

[18] 司荣贵. 体育运动在全面建设小康社会中的作用探析 [J]. 体育与科学，2003，24（6）：39-40.

[19] 李丽，余良华，肖平，等. 美国体操走强的若干因素分析 [J]. 广州体育学院学报，2006，26（1）：80-85.

[20] 李佐惠. 美国体操教育史上的四次争论与启示 [J]. 北京体育大学学报，2003，26（6）：854-857.

[21] 李佐惠，黄宽柔，关文明. 中美学校体操教育发展历程的比较 [J]. 体育学刊，2006，13（4）：98-101.

[22] 刘春燕，谭华. 日本近代学校体育的基石——体操传习所 [J]. 体育学刊，2014，21（2）：104-108.

[23] 刘红波. 中美澳体操人才培养特点比较分析 [J]. 山东体育科技，2013，35（3）：37-42.

[24] 张玉军. 近代德国体操的兴起与发展 [J]. 同仁师范高等专科学院学报，2006，8（3）：54-56.

[25] 陈朋. 上世纪50年代苏联体操对我国现代体操的影响 [J]. 体育科技文献通报，2014，22（10）：125-127.

[26] 徐海波. 基于全民健身视角下的大众体操的现状及其发展途径 [J]. 科技资讯，2015（34）：248-249.

[27] 吕顺田. 基本体操在小城镇社区体育中推广的可行性研究 [J]. 现代交际，2016（5）：124-125.

[28] 江广和. 快乐体操研究 [J]. 体育文化导刊，2015（8）：56-71.

[29] 谢春雨. 我国快乐体操运动发展思考 [J]. 体育科技文献通报，2016，24（6）：102-103.

[30] 张汉生. 全民健身视野下体操发展路径研究 [J]. 安徽体育科技，2016，37（3）：64-66.

[31] 唐星星. 中国学校体操发展的困境及出路探索 [J]. 体育科技文献通报，2016，24（8）：93-99.

[32] 尚莹，马飞，何幸光. 我国竞技体操50年发展历程 [J]. 广州体育学院学报，2004，24（4）：87-90.
[33] 催天意，姚俊杰. 体育强国目标下我国体操项目发展的探析 [J]. 运动，2014（11）：39-40.
[34] 张军舰. 我国竞技体操可持续发展研究 [J]. 体育文化导刊，2015（9）：104-107.
[35] 刘智丽，刘青. 我国竞技体操面临的现实困境与突破路径探析 [J]. 南京体育学院学报，2016，30（2）：98-102.
[36] 段丽，刘琪，刘梦媛. 大体操理念下体操类项目教学的艺术性体现——以成都体育学院为例 [J]. 体育科技文献通报，2013，21（5）：76-77.
[37] 刘红波. 我国竞技体操人才培养的社会化发展 [J]. 北京体育大学学报，2012，35（1）：45.
[38] 代春玲，沈瑞杰. 论体操的功能衍变与发展趋势 [J]. 武汉体育学院学报，2005，39（4）：90-92.
[39] 卢三妹. 广东省少儿体育培训市场现状及发展对策研究 [J]. 辽宁体育科技，2010，32（4）：17-18.
[40] 吴芳，殷晓旺. 同人群体育锻炼坚持性研究述评 [J]. 湖北体育科技，2006，25（3）：23-26.
[41] 王健. 河南省高校体操课程教学改革现状与对策 [J]. 体育学刊，2005，12（5）：80-81.
[42] 高留红，张予南，谢建中. 对体操的再认识 [J]. 北京体育大学学报，2009：11-13.
[43] 陶成武，周建社. 啦啦操与校园体育活动的互动与互融探析 [J]. 中国学校体育，2017，4（12）：1-5.
[44] 周建社，陶成武，李先雄. 啦啦队或啦啦操的名称辨析与理性思考 [J]. 北京体育大学学报，2017，40（10）：39-43.
[45] 方奇，周建社. 国际接轨背景下中国啦啦操运动的发展研究 [J]. 北京体育大学学报，2014，37（5）：128-132.
[46] 周建社，方奇，张建化. 中国健美操竞赛发展的演变与走向 [J]. 北京体育大学学报，2016，39（4）：132-140.
[47] 周建社，方奇. 接轨背景下国际啦啦操竞赛规则解析 [J]. 中国学校体育（高等教育），2014，1（1）：37-41.
[48] Darya Minnikhanova，Galina Chikalova.Increase of functional state of

the primary school children through the means of mass sports and artistic representations [J]. Uchenye zapiski universiteta imeni P.F. Lesgafta, 2013 (103): 104-108.

[49] Bill Benner.No good comes from driving wedge between sport and art [J]. Indianapolis Business Journal, 2012, 33 (33): 39.

[50] Finch, C.F.No longer lost in translation: the art and science of sports injury prevention implementation research [J]. British Journal of Sports Medicine, 2011, 45 (16): 1253.

[51] Bessi F, Pfeifer, J. Rotation schemes of the best female gymnasts in the world [J]. Science of Gymnastics Journal, 2018 (10): 401-411.

[52] Brunelli, M., Meda, J. Gymnastics between school desks: An educational practice between hygiene requirements, healthcare and logistic inadequacies in Italian primary schools (1870-1970) [J]. History of Education Review, 2017 (46): 178-193.

[53] Avalos Ramos, M. A., Vega, L. Strategies for learning gymnastic skills through technologies in initial teacher traineng [J]. Science of Gymnastics Journal, 2018, 10 (1): 43-50.

[54] A.Kochanowicz, Kazimierz kochanowicz, Bartlomiei Niespod zinski. Effects of systematic gymnastic training on postural control in young and adult men [J]. Science of Gymnastics Journal, 2017 (9): 5-15.

[55] Jarostaw Omorczyk' Przemystaw Bujas, Ewa Puszczalowska-Lizis. Balance in handstand and postural stability in standing position in athletes practicing gymnastics [J]. Acta Bioeng Biomech, 2018 (20): 139-147.

[56] Jaak Jürimäe, Rita Gruodyte-Raciene, Adam D · G. Baxter-Jones. Effects of Gymnastics Activities on Bone Accrual during Growth: A Systematic Review [J]. Journal of Sports Science and Medicine, 2018 (17): 245-258.

[57] Catarina Leandro, Lurdes Ávila-Carvalho, Elena Sierra-Palmeiro. Judging in Rhythmic Gymnastics at Different Levels of Performance [J]. J Hum Kinet. 2017 (60): 159-165.

[58] Jacinta Tan, Raff Calitri, Andrew Bloodworth. Understanding Eating Disorders in Elite Gymnastics: Ethical and Conceptual Challenges [J]. Clinics in Sports Medicine, 2016 (35): 275-292.

[59] Han Y. S., Araki T., Lee P. Y., et al. Development and effect of a cognitive enhancement gymnastics program for elderly people with dementia. J Exerc Rehabil [J]. Korean Society of Exercise Rehab ilitation, 2016, 4 (12): 340–345.

[60] Frutuoso A. S., Diefenthaeler F., Vaz.Lower Limb asymmetries in rhythmic gymnastics athletes [J]. International journal of sports physical therapy, 2016 (11): 34–43.

[61] Guenther, K. Exercises in therapy–neurological gymnastics between Kurort and hospital medicine, 1880–1945 [J]. Bulletin of the hictory of medicine, 2014, 1 (88): 102–131.

[62] Delheye P. Statistics, gymnastics and the origins of sport science in Belgium (and Europe) [J]. Eur J Sport Sci, 2014 (14): 652–660.

[63] Culjak Z. P., Miletic D. P., Kalinski S. D. P. Fundamental Movement Skills Development under the Influence of a Gymnastics Program and Everyday Physical Activity in Seven–Year–Old Children [J]. Iranian Joural of Pediatrics, 2014 (24): 124–130.

[64] Pitts B.G. Industry segmentation theory and the sport industry: Developing a sport industry segment model [J]. Sport Marketing Quarterly, 1994, 3 (1): 15–24 .

[65] 王雪莲，汪波. 基于协同学理论的城市土地利用协调发展研究 [J]. 中国地质大学学报（社会科学版），2007，7（1）：63–67.

[66] 周国忠. 基于协同论、“点–轴系统”理论的浙江海洋旅游发展研究 [J]. 生态经济，2006（7）：114–118.

[67] 陈宇，叶强华，陈立农. 粤港澳大湾区竞技体操协同发展研究 [J]. 广州体育学院学报，2020，40（1）：31–35.

[68] 王文生，刘宇珍. 国际体操联合会的竞赛改革与创新发展述评 [J]. 首都体育学院学报，2020，32（1）：40–42.

[69] 江山. 舞蹈的越轨与另类成长历程——从小胖式体操到校长领跳的曳步舞 [J]. 体育与科学，2019，40（6）：71–76.

[70] 陶成武，周建社，李萍. “大体操”概念下的“体操”的内涵与外延 [J]. 首都体育学院学报，2019，31（6）：544–548.

[71] 汤仁圣，李雪，何卫. 女子竞技体操跳马运动学变量与裁判打分多元回归模型研究 [J]. 中国体育科技，2019，55（9）：17–23.

[72] 冯德森，余文禄，何炬，等. 东京奥运周期我国男子体操竞技实力分析与备战策略研究［J］. 西南师范大学学报（自然科学版），2019，44（10）：99-106.

[73] 祝文钢，周曰智，张权，等. 东京奥运周期日本优秀男子体操运动员动作发展动态分析［J］. 体育学刊，2019，26（5）：135-140.

[74] 李海萍，唐溢敏. 清末民初学校体育课程设置政策研究［J］. 湖南师范大学教育科学学报，2019，18（5）：80-90.

[75] 彭召方，李佐惠，国伟，等. 日本竞技体操的发展历程、经验及启示［J］. 首都体育学院学报，2019，31（4）：353-358+363.

[76] 孙萍，黄俊亚. “健康中国”战略下我国大众艺术体操推广策略研究［J］. 北京体育大学学报，2019，42（7）：104-113.

[77] 张鹏. 新旧周期规则导向下竞技健美操难度动作的对比研究［J］. 西安体育学院学报，2019，36（4）：506-512.

[78] 王海云，易志成. 第47届世界体操锦标赛平衡木成套动作编排特征研究［J］. 体育学刊，2019，26（3）：133-137.

[79] 吴成亮，郝卫亚，肖晓飞，等. 体操运动员踝关节损伤的流行病学研究进展［J］. 中国运动医学杂志，2019，38（5）：412-417.

[80] 李萍，周建社，陶成武. 中国体操治理模式演变及改革趋势研究［J］. 西安体育学院学报，2019，36（3）：315-321.

[81] 邓万金，管莹莹，何天易. 竞技体育强国核心竞争力比较研究［J］. 北京体育大学学报，2019，42（4）：64-78.

[82] 徐恬，汪敏. 从地缘文化的视阈审视艺术体操的发展历程［J］. 体育科学，2019，39（3）：58-65.

[83] 郑湘平，袁卫华，孙伟，等. 我国女子体操运动员专项身体素质评价指标体系的构建［J］. 首都体育学院学报，2019，31（1）：80-85.

[84] 毋洪飞，宋清华，胡建平，等. 长期户外登山活动对老年人心肺耐力及肢体运动功能的影响［J］. 中国老年学杂志，2019，39（1）：95-97.

[85] 张玉宝. 晚清癸卯学制时期我国体育教师教育制度的价值取向及本质特征［J］. 西安体育学院学报，2019，36（1）：103-109.

[86] 徐丽萨，黄俊亚. 艺术体操运动员竞技表现能力新论——基于2017—2020奥运周期规则导向［J］. 西安体育学院学报，2019，36（1）：121-128.

[87] 陈林会，刘青. 美国竞技体操发展经验与启示［J］. 体育文化导刊，2018（7）：72-76，116.

[88] 陈林会. 我国竞技体操项目优化发展的管理方略研究［J］. 中国体育科技，2018，54（4）：53–61，145.
[89] 高留红. 团体操表演功能：仪式、文化与艺术［J］. 北京体育大学学报，2018，41（7）：43–48，63.
[90] 刘世磊. 对我国中小学体操发展的回顾与思考［J］. 山东体育学院学报，2018，34（3）：125–130.
[91] 何俊. 里约奥运会男子体操竞争格局分析——兼谈东京周期中国男子体操发展方向［J］. 北京体育大学学报，2018，41（5）：107–116.
[92] 聂应军，吕万刚，魏旭波，等.《体操》课程建设的创新与实践［J］. 武汉体育学院学报，2018，52（3）：96–100.
[93] 陈娟，王娟. 同源异构与互渗趋同：三大体操流派的历史流变［J］. 体育文化导刊，2018（2）：153–158.
[94] 何俊. 东京奥运周期中国女子体操发展路径探索［J］. 体育科学，2017，37（12）：14–22.
[95] 刘世磊，黄彦军. 癸卯学制时期中小学体操发展的经验、教训及启示［J］. 南京体育学院学报（社会科学版），2017，31（6）：23–28.
[96] 蔺新茂，史海现. 我国学校体操发展的困境及其解决对策［J］. 体育学刊，2017，24（6）：99–103.
[97] 耿嘉梅，姚明焰，许鹤琳. 清朝末期中小学体操教科书内容的演变与启示［J］. 体育文化导刊，2017（11）：159–163.
[98] 许琛，张喆，王文生. 世界艺术体操锦标赛53年发展历程述评［J］. 首都体育学院学报，2017，29（6）：537–539.
[99] 王恒，薛婧. 近代欧洲“灵肉体操”流派之J.P.穆勒体操思想寻绎［J］. 体育科学，2017，37（10）：41–50.
[100] 王利国，程传银，刘璐. 中国学校体育课程建设的国际性与民族性发展特征［J］. 北京体育大学学报，2017，40（10）：78–83，98.

三、学位论文类

[1] 邓陈亮. 我国大体操产业发展思路与模式探索［D］. 成都：成都体育学院，2012.
[2] 周萍. 竞技体操运动员体操训练初探［D］. 北京：北京体育大学，2008：41–42.

［3］边增辉. 苏州大学学生体育锻炼动机与自我效能感研究［D］. 苏州：苏州大学，2012：25.
［4］郭春红. 体操文化特征研究［D］. 北京：首都体育学院，2010：32-33.
［5］唐星星. 现代体操分类的再研究［D］. 重庆：西南大学，2013：25-28.
［6］骆意. 我国竞技体操可持续发展能力研究［D］. 北京：北京体育大学，2004：31-34.
［7］王惠敏. 我国艺术体操发展之流变［D］. 北京体育大学，2011：35-36.
［8］高扬. 我国高水平艺术体操运动员成套动作构成的诊断与分析［D］. 北京：北京体育大学，2006：12-13.
［9］郭秀文. 我国优秀艺术体操运动员科学选材与应用系统的开发研究［D］. 北京：北京体育大学，2005：16-19.
［10］沈发云. 我国艺术体操社会化影响因素及推广策略研究［D］. 北京：北京体育大学，2013：16-17.
［11］张莉莉. 新理念下健美操创编能力培养的教学实践研究［D］. 济南：山东师范大学，2006：25-26.
［12］刘芹芹. 健美操审美体验及美育功能的研究［D］. 济南：山东师范大学，2006：33-34.
［13］赵倩. 我国体育舞蹈竞赛现状分析与发展对策研究［D］. 芜湖：安徽师范大学，2005：29-21.
［14］高希彬. 我国蹦床运动可持续发展研究［D］. 上海：上海体育学院，2012：12-15.
［15］孙丹.全国啦啦操联赛现状与对策研究［D］. 北京：北京体育大学，2013：35-36.
［16］刘莹. 石家庄市广场舞的开展状况调查与分析［D］. 石家庄：河北师范大学，2014：17-19.
［17］袁益民. 江苏省普通中学体操教学现状之研究［D］. 苏州：苏州大学，2006：22-23.

四、其他

［1］刘九省. 2018年中国体操节在日照落下帷幕9252名运动员参赛［EB/OL］.［2018-07-21］. https：baijiahao.baidu.comsid=1606586774114535019.
［2］国务院. 关于印发全民健身计划（2011—2015年）的通知［Z］. 国发〔2011〕5号，2011.

[3] 新华社. 中国应注重“大体操”[N]. 燕赵晚报，2013-11-25.
[4] 李丽，贾文. 军亚洲体操联合会明年将创办“亚洲体操节”[N]. 南方日报，2003-11-24.
[5] 缪仲一.“大体操”揭开面纱 “抱团取暖”期待项目提升[N]. 中国体育报，2010-04-7.
[6] 门天清.“大体操”概念将被运作 以增强非奥运项目生存能力[EB/OL]. [2022-4-23]. http：sports.sina.com.cno2010-04-2305584951784.shtml.
[7] 王向娜.“五位一体”打造“大体操”概念[EB/OL].[2022-06-05]. https：www.sport.gov.cnn20001280n20745751n20767274c22171387content.html.
[8] 邓绍平，全面小康社会的一个重要内涵[N]. 学习时报，2014-05-19.
[9] 搜狐网. 2017年第六届全国全民健身操舞大赛总决赛颁奖盛典圆满闭幕[EB/OL].[2017-09-27]. https：www.sohu.com/a/195020944_472516.
[10] 李育林. 国内外啦啦操发展现状[Z]. 全国第六届啦啦操教育科学论文报告会讲话稿，2018.
[11] 排舞运动“杭州模式”引领全民健身新时尚[N]. 中国体育报，2018-01-44.
[12] USA Gymnastics. Men's and Women's World Championships Results [EB/OL]. [2022-11-01]. https：//usagym.org/pages/pressbox/his-tory/worlds_results_artistic.html.

附录

附录一　专家访谈提纲

1. 您认为体操类项目的构成是否应该包括竞技性体操与大众性体操?

2. 您认为体操进校园、快乐体操等举措的意义与价值有哪些?

3. 您认为竞技性体操遭遇冷落，而大众性体操却蓬勃发展的原因有哪些?

4. 您认为体操类项目的发展主要存在哪些困境或误区?

5. 您认为体操类项目的协同发展可表现为哪几个方面?

6. 您认为体操类项目协同发展的制度设计应从哪些方面着手?

7. 结合您的实践经验，请谈谈中国体操类项目未来发展的趋势。

8. 结合您的工作经验，请谈谈国际体操类项目未来发展的趋势。

附录二　访谈专家的基本情况

序号	姓名	职称/职务	单位/协会	研究专长/专业方向
1	罗超毅	局长	国家体育总局训练局	行政管理
2	缪仲一	主任	国家体育总局体操运动管理中心	行政管理、体操
3	郭振明	副主任	国家体育总局体操运动管理中心	行政管理
4	贺照	处长	湖南省教育厅体育卫生与艺术教育处	行政管理
5	唐金山	副主任	国家体育总局体操中心事业发展部	行政管理
6	迈克尔·库珀（Michael Cooper）	主任/国际裁判	国际啦啦操联合会（ICU）技术委员会	行政管理/啦啦操
7	梅雷迪恩·沃克（Meredith Walker）	部长/国际裁判	国际啦啦操联合会（ICU）技术委员会	啦啦操
8	李育林	主任/教授/硕士生导师/国际裁判	中国蹦床与技巧协会啦啦操分会/河海大学体育学院	啦啦操/健美操
9	黄育	常务副秘书长/副教授/硕士生导师	全国大学生两操协会北京秘书处/北京大学体育教研部	健美操/艺术体操
10	朱冬喜	副主任	全国排舞广场舞推广中心技术委员会	排舞/广场舞
11	王宏	副主席/副教授/硕士生导师	国际体操联合会健美操技术委员会/北京体育大学	健美操
12	李艳翎	教授/博士生导师/国际裁判	湖南师范大学体育学院	体操/技巧/蹦床
13	邱建钢	执行副主任/教授/博士生导师/国际裁判	中国啦啦操委员会/成都体育学院艺术学院	体操/健美操/啦啦操

（续表）

序号	姓名	职称/职务	单位/协会	研究专长/专业方向
14	李先雄	教授/博导/国际裁判	全国中小学体育教学指导委员会委员/湖南师范大学体育学院	体操/健美操/啦啦操
15	彭庆文	常委副书记/副院长	湖南体育职业学院	体操/健美操
16	徐中秋	副教授/硕士生导师/国际裁判	广州体育学院	健美操/啦啦操
17	李利	主任/国际裁判	全国啦啦操委员会技术委员会	啦啦操、艺术体操
18	杨玉茹	副主任/教授/硕士生导师/国际裁判	全国啦啦操委员会技术委员会/西南大学体育学院	体操、啦啦操、健美操

附录三　攻读博士学位期间科研成果

1.发表论文

[1] 李萍，周建社. 残疾人竞技体育运动审美初探 [J]. 湖南师范大学社会科学学报，2016，45（3）：27–32.

[2] 李萍，周建社，陶成武. 中国体操治理模式演变及改革趋势研究 [J]. 西安体育学院学报，2019，36（3）：315–321.

[3] 陶成武，周建社，李萍. "大体操"概念下的"体操"的内涵与外延 [J]. 首都体育学院学报，2019（6）：544–548.

[4] 李萍，张国清，吴珣. "健康中国"引领下的湖南省全民健身生活化研究 [J]. 广州体育学院学报，2018（6）：14–18.

[5] 陶成武，李萍，周建社. 社会资本理论视域下体育社团主体职能转变探骊 [J]. 西安体育学院学报，2020，3（1）：66–72.

[6] 李萍，我国啦啦操科学研究进展——基于CNKI的文献计量学分析 [J]. 哈尔滨体育学院学报，2015（6）：80–85.

[7] 李萍，张丽莎，骆乐. 体育舞蹈与健美操技术特点和审美异同 [J]. 河北体育学院学报，2014（6）：59–62.

[8] 陶成武，李萍. 融知识、体能、技能于一体的高职院校体育课程内容改革探骊 [J]. 广州体育学院学报，2015（6）：107–110.

2. 课题研究

[1] 主持完成 2017 湖南省教育科学"十二五"规划一般课题：校园文化视域下高职院校体育课程开发研究，排名第一，课题编号：XJK013CTW009。

[2] 参与2017年度教育部人文社会科学研究项目：中国校园体操发展的生态适应与方式转变研究（第一参与人）。

[3] 参与2017年湖南省社会科学成果评审委员会课题：健康中国背景下普通高等学校课外体育活动运行机制研究（第一参与人）。

3. 出版教材

［1］李萍. 大学体育与健康［M］. 北京：中国传媒大学出版社.2014.
［2］李萍. 大学体育与健康教程［M］. 长沙：中南大学出版社.2015.
［3］李萍. 大学体育教程［M］. 长沙：中南大学出版社.2018.
［4］李萍. 校园足球啦啦操［M/DK］. 长沙：中南大学出版社.2018.

4. 发明专利

［1］周建社，李萍，李先雄，等. 一种足球花球拉拉带：中国，ZL 2016 1 1041000.1［P］2018-04-10

致 谢

时光匆匆，六年的博士生活转瞬即逝，读博期间得到了许多老师的帮助与指导。在此，我要特别感谢我的博士生导师周建社教授，周老师于我而言，亦师亦母，她的教导像春雨一样润物细无声。导师在学习中一直鞭策着我，使我没有停止前进的步伐；在工作中指导我，在职业发展的迷茫期给我指明方向，使我不断进步；在生活中关心我，让我懂得如何经营家庭，使我能更好地兼顾家庭、工作、学习。导师高尚的人格、渊博的学识、严谨的治学态度、诲人不倦的师德，以及谦和的为人方式，都令我受益良多，成为我一生取之不尽的宝贵财富。

在读博期间，给予我帮助的还有刘湘溶教授、白晋湘教授、汤长发教授、李艳翎教授、马卫平教授、罗湘林教授、贺昭泽教授、彭庆文教授、李先雄教授等，这些老师在学术上一直引领着我不断学习。

我的进步还离不开同门师兄弟及同学们的帮助，我经常与他们进行学术探讨，给我的论文研究提供了很多思路，他们是方奇、陶成武、贾宏、熊玮、陈锐、刘凯和邓紫薇等。

我还要感谢我的父母、丈夫和两位女儿，在我读博的6年里，他们默默地支持我、鼓励我，正因为有了他们的支持，我相信人生中不管有多大的困难都能跨过去。

最后，我要感谢我的同事、亲朋好友，没有他们的理解支持，我就无法顺利完成学业。

博士毕业是新征程的开始，在未来的人生道路上，我会认真做好自己的事情，在以后的研究中我将勤勤恳恳，认认真真，绝不懈怠，不辜负恩师、前辈师长、家人及亲友的期望。